PLAN DU POTAGER ET DES NOUVEAUX JARDINS
~ LES CONFINES ~
ARROSAGE AUTOMATIQUE

V. 1996

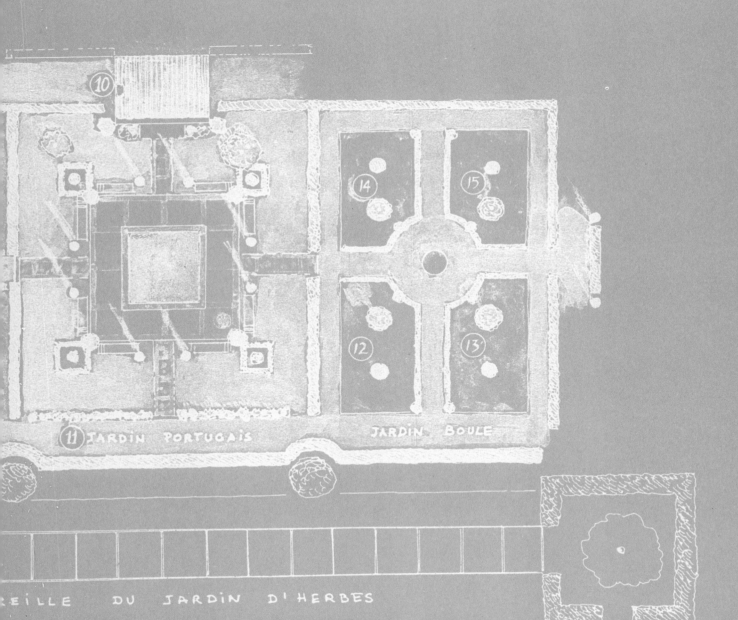

JARDIN BOULE

11 JARDIN PORTUGAIS

REILLE DU JARDIN D'HERBES

Gardens of Provence
and the Côte d'Azur

Jardins de Provence
et de la Côte d'Azur

Gärten in der Provence
und an der Côte d'Azur

Texte *Marie-Françoise Valéry* · Photos *Deidi von Schaewen*

Sous la direction de · Edited by · Herausgegeben von
Angelika Taschen

Gardens of Provence
and the Côte d'Azur

Jardins de Provence
et de la Côte d'Azur

Gärten in der Provence
und an der Côte d'Azur

TASCHEN
KÖLN LONDON MADRID NEW YORK PARIS TOKYO

Front cover · Couverture · Umschlagvorderseite:
Chemin d'eau, Les Confines
Watercourse, Les Confines
Kanal, Les Confines

Back cover · Dos de couverture · Umschlagrückseite:
Lavender fields, Les Confines
Champs de lavandes, Les Confines
Lavendelfelder, Les Confines

Illustration page 2 · Reproduction page 2 · Abbildung Seite 2:
Fontaine, La Casella
Fountain, La Casella
Brunnen, La Casella

Endpaper · Pages de garde · Vorsatzpapier:
Plan des Confines
Plan of Les Confines
Grundriß von Les Confines

Text to Le Val Rahmeh by Professeur Yves Monnier

© 2001 TASCHEN GmbH
Hohenzollernring 53, D–50672 Köln
www.taschen.com

© 1998 VG Bild-Kunst, Bonn, for the works by Alexander Calder,
Alberto Giacometti, Joan Miró and Germaine Richier
Designed by Mark Thomson, Samantha Finn, London,
Claudia Frey, Cologne
Text edited by Ursula Fethke, Cologne
Production by Ute Wachendorf, Cologne
English translation by Chris Miller, Oxford
German translation by Annette Roellenbleck, Cologne

Printed in Italy
ISBN 3–8228–1610–8 (French cover)
ISBN 3–8228–1609–4 (English cover)
ISBN 3–8228–1608–6 (German cover)

Sommaire
Contents
Inhaltsverzeichnis

Invitation en Provence

Marie-Françoise Valéry

La Provence et la Côte d'Azur... et si ces deux territoires ne faisaient qu'un, l'un étant la plate-bande maritime de l'autre? Leurs habitants n'ont-ils pas le même accent chantant? S'il fallait symboliser ces deux régions par une couleur, on choisirait le bleu. Comme le ciel, la mer, la lavande, les tapis de thyms, les iris, les agapanthes, les plumbagos, les echiums, ou les fleurs de romarin. Et le vert: vert amande ou vert olive. Leur parfum serait celui des fleurs d'oranger, des tubéreuses, des eucalyptus ou des jasmins. Ou tout simplement celui de l'air naturellement chargé de senteurs. Ces terres sont la proie du vent qui sait être violent et du soleil ardent.

Deux territoires ne faisant qu'un avec des microclimats. Chaleur et douceur sur la Riviera, avec la possibilité de cultiver quantité de plantes acclimatées. Etés torrides et hivers froids en Provence, avec des chutes de température dans une même journée, parfois même des gelées qui ont valu à certains jardiniers de renouveler complètement leurs champs d'oliviers transplantés.

Le vent

Champ de lavandes, Les Confines.
Lavender field, Les Confines.
Lavendelfeld, Les Confines.

Avant toute chose, on pense à se mettre à l'abri du soleil et du vent. On ouvre sa maison vers le sud et l'on tourne le dos au mistral. On plante des haies de cyprès comme l'ont fait les maraîchers de la plaine d'Avignon, ou l'on s'enferme dans des jardins secrets. Pour fuir ce vent desséchant, énervant, qui torture les plantes sur son passage, mais qui est indispensable car il rythme les semaines et les saisons et fait raconter des histoires, comme l'a décrit Lawrence Durrell dans ses souvenirs de voyage: «Le Mistral! il a quelque chose d'un Zeus olympien dans sa manière de gronder et de rugir depuis le mont Ventoux, toujours inattendu et toujours violent, poussant devant lui rochers et poussière et hurlant dans les vallées comme un troupeau de taureaux en furie. Dans la plaine poussiéreuse de la Crau, tous les arbres sont courbés en formes étranges, tordus et pliés par sa force. Il est sur vous en l'espace d'une seconde, vous rentrant les mots au fond de la gorge et lançant dans les vignes des tourbillons de poussière

comme autant de derviches tourneurs. Mais il fait fidèlement partie du paysage et lui appartient comme le dragon aux contes de fées: le Provençal le traite avec un bruyant mépris en dépit des migraines fiévreuses et du malaise général qu'il provoque – probablement dus à la fantastique baisse de température qui accompagne sa venue.» Les haies d'arbres (peupliers, platanes, cyprès) multipliées sur un petit espace, ont vite fait d'atténuer sa force et de le transformer en mouvements d'air agréables, aussi caressants que s'ils étaient dispensés par un éventail.

Le soleil

Il faut aussi se protéger du soleil car il est cuisant, comme le raconte si bien l'écrivain Alphonse Daudet dans les «Lettres de mon moulin» (1869): «C'était en revenant de Nîmes, un après-midi de juillet. Il faisait une chaleur accablante. A perte de vue, la route blanche, embrasée, poudroyait entre les jardins d'oliviers et de petits chênes, sous un grand soleil d'argent mat qui remplissait tout le ciel. Pas une tache d'ombre, pas un souffle de vent. Rien que la vibration de l'air chaud et le cri strident des cigales, musique folle, assourdissante, à temps pressés, qui semble la sonorité même de cette immense vibration lumineuse»... Comment s'en protège-t-on? En plantant des platanes devant une bastide, car ils ont un feuillage épais qui garde la fraîcheur. En prenant ses repas à l'ombre d'un pavillon ou d'une gloriette enrubannée de plantes à parfum. En élaborant une tonnelle végétale grâce au tressage horizontal des branches de plusieurs figuiers qui formeront un toit à l'ombre duquel il sera doux de se protéger. Les jardiniers méditerranéens ont l'esprit élégant et astucieux pour amadouer la nature en jouant avec la verdure.

Si le climat de la Provence est parfois capricieux, celui de la Côte d'Azur est tempéré par la présence de la mer. Plus on s'approche de l'Italie et plus il fait chaud. Ceci explique l'existence des jardins exotiques d'Eze et de Monaco où l'on cultive des plantes exigeant chaleur et sécheresse, originaires du Mexique ou des îles Canaries. Menton serait l'une des villes les plus chaudes de France. Quant à ses jardins, ils se permettent des acrobaties horticoles très audacieuses. Le Palais Carnolès, ancienne résidence des princes de Monaco, accueille une collection d'agrumes étonnante. Le jardin de la villa Serena jouit d'un microclimat particulièrement torride et abrite une magnifique collection de palmiers et de cycas. Au Clos du Peyronnet, William Waterfield se passionne pour les bulbes d'Afrique du Sud. Au Val Rahmeh, le jardin est planté de végétaux tropicaux et subtropicaux. A la Serre de la Madone, Lawrence Johnston planta les végétaux exotiques que le climat de l'Angleterre lui interdisait de cultiver dans son fameux jardin d'Hidcote Manor: des plantes originaires d'Afrique du Sud, de Nouvelle-Zélande, d'Extrême-Orient ou d'Australie. Sur la Riviera, tout est permis. Les jardiniers peuvent s'octroyer toutes les fantaisies.

Chemin d'eau, Les Confines.
Watercourse, Les Confines.
Kanal, Les Confines.

Allée de platanes dans le jardin
de Lillian Williams.
Plane tree avenue in the garden
of Lillian Williams.
Platanenallee im Garten von
Lillian Williams.

Les parfums

La chaleur permet aussi aux jardiniers de jouer les grands parfumeurs. Sous l'effet du soleil et de la lumière, les feuillages et les fleurs emmagasinent des odeurs qui seront libérées plus tard par l'obscurité, la fraîcheur et la rosée. Le soir, les jardins naviguent dans des nuées parfumées. Les eucalyptus et les cyprès diffusent des senteurs délicieuses. De même, les roses et les jasmins qui firent autrefois la réputation des collines de Grasse où des «nez fameux» se sont installés. Edmond Roudnitska n'y a-t-il pas planté son jardin? Créateur de «Femme» de Rochas, de «Diorella», «Diorissimo» et de l'«Eau Sauvage» de Dior, entre autres «jus» célèbres, il fut l'un des grands compositeurs de parfums de notre temps et se laissa guider par ses deux passions: les fragrances et la nature. C'est pourquoi, il choisit pour son jardin des végétaux qu'il appréciait pour leur beauté ou leurs senteurs: des roses, des jasmins, des genêts, dont le fameux *Spartium junceum* si prisé en parfumerie, des iris, des œillets, du muguet, des mimosas, ou l'excellent cade de Provence *(Juniperus oxycedrus)* dont on distille le bois. D'autres accords parfumés sont possibles autour de la Méditerranée si l'on ajoute à cette liste la tubéreuse au parfum puissant, le gardénia, les fleurs d'oranger, celles de *Pittosporum* dont le parfum ressemble à s'y tromper à celui des précédentes, ou l'*Osmanthus fragrans* aux fleurs discrètes mais au parfum intense qui embaume les jardins à l'arrière-saison. Et comment ne pas être charmé par des lianes à fleurs, placées contre un mur de la maison bien exposé pour que leurs senteurs s'infiltrent par les fenêtres, de jour comme de nuit? *Trachelospermum jasminoides* aussi entêtant qu'un jasmin ou *Cestrum nocturnum*, appelé aussi «galant de nuit», arbrisseau sarmenteux aux fleurs ivoire odorantes, notamment quand le soleil se retire pour faire place à l'obscurité.

Harmonie végétale

Les parfums des jardins se mélangent à ceux du maquis ou de la garrigue, seule végétation indigène qui puisse s'accommoder d'un sol calcaire, rocailleux, sec et aride. Dotée de feuilles coriaces, cireuses, épineuses ou duveteuses, elle résiste mieux à l'évaporation et aux effets brûlants du soleil: le maquis avec ses oliviers sauvages *(Olea europea)*, ses lentisques *(Pistacia lentiscus)*, myrtes, euphorbes arborescentes et caroubiers *(Ceratonia siliqua)* du maquis, et la garrigue, avec ses chênes kermès *(Quercus coccifera)*, ses cistes blancs, genêts, thyms et genévriers. En bord de mer, les végétaux savent lutter contre les embruns. Les aloès aux feuilles charnues, les agaves et leurs aiguillons, ou les euphorbes, *Euphorbia dendroides*, au feuillage glauque et aux fleurs jaune-vert, s'installent entre les rochers de la côte et résistent au vent, au sel et au soleil. Tous ces végétaux ont des couleurs de feuille allant du vert au gris. Les jardiniers méditerranéens ont choisi de se mettre au diapason en utilisant des plantes au feuillage vert ou argenté qui se marient avec les pins d'Alep *(Pinus halepensis)*, les chênes verts, les oliviers et les cyprès.

Réponse au paysage

Ils ont aussi respecté son harmonie architecturale. Depuis des millénaires, comment l'homme s'est-il adapté au relief et aux fortes pentes du midi méditerranéen? En construisant des «restanques». Le paysage provençal est festonné de terrasses qui avaient autrefois une vocation agricole: elles permettaient en effet de retenir les terres grâce à des murets de pierres, de circuler aisément, et facilitaient aussi l'irrigation. Les jardins méditerranéens se plient à cette architecture et sont le plus souvent construits sur plusieurs niveaux. Ils s'étagent en terrasses et s'ouvrent sur le paysage grâce à des jeux d'escaliers et de balustrades. Ils doivent aussi répondre à la beauté d'un site soit en encadrant un panorama magnifique comme le cadre d'un tableau, soit en créant un décor aussi beau, un décor à la même mesure. En Provence et sur la Côte d'Azur, les effets de la nature sont souvent spectaculaires comme s'en émeut l'écrivain Colette dans «La Naissance du jour» (1928), elle qui aime assister «aux couchers furibonds du soleil». Elle décrit magnifiquement ses disparitions: «l'astre ramasse, vers la fin de la journée, le peu de nues qu'évapore la mer chaude, les entraîne au bas du ciel, les embrase et les tord en chiffons de feu, les étire en barres rougies, s'incinère en touchant les Maures...»

Ferdinand Bac et Roderick Cameron figurent parmi les grands personnages qui ont façonné les jardins de la Côte d'Azur. A ces esthètes d'exception il faut ajouter d'autres noms. Le vicomte de Noailles qui composa son premier jardin méditerranéen à Hyères, avant de créer son chef-d'œuvre à Grasse. On peut aussi nommer les éminents collectionneurs de plantes Lawrence Johnston à la Serre de la Madone et Miss Campbell au Val Rahmeh. Comment ne pas évoquer les Rothschild, grands amateurs de jardins, ou Lord et Lady Aberconway qui créèrent les jardins de Bodnant au Pays de Galles et ceux de La Garoupe au cap d'Antibes. Français, Anglais, Américains, Russes et Allemands, botanistes, chasseurs de plantes, architectes-paysagistes dans l'âme, laissèrent leur empreinte dans les jardins de notre siècle, tous charmés par la lumière et la chaleur de ce rivage qui leur permettait de jouer avec les couleurs et les plantes acclimatées. La passion des plantes enflamma aussi la Provence, mais elle est postérieure à l'avènement d'un style qui marqua cette région et forgea sa tradition: celui des jardins de bastides. Ceux-ci naquirent aux XVIIe et XVIIIe siècles autour d'Aix-en-Provence. La Gaude en est le meilleur exemple avec son jardin de propreté sophistiqué qui se détache sur le paysage viticole, et sa «tèse», ou allée fraîche, destinée aux plaisirs de la chasse à l'ombre.

En Provence comme sur la Côte d'Azur, l'influence de l'Italie est évidente. Terrasses, motifs géométriques et symétriques, perspectives, allées de cyprès et motifs de buis taillés s'imposent. Chaque jardin raconte une histoire. Celle d'une émotion intense, d'une adéquation et d'une passion pour un paysage d'une grande beauté ensoleillée et parfumée.

Callistemon.
Bottlebrush *(Callistemon).*
Zylinderputzerstrauch
(Callistemon).

An Invitation to Provence

Provence and the Côte d'Azur could be considered as the same area, the one the maritime flower-bed of the other. Their inhabitants have the same lilting accent. Choosing a colour by which to represent them, one thinks of blue, the colour of the sky, the sea, of lavender, of dense carpets of thyme, of iris, African lily *(Agapanthus)*, plumbago, viper's bugloss *(Echium)* and rosemary flowers. And green: olive or almond green. Through both wafts the scent of orange blossom, tuberose, eucalyptus and jasmine. Or breezes which are themselves already full of scents. The wind that torments these areas is capable of great violence, and both lie beneath a blazing sun.

Two areas which are as one in their microclimates. Heat and mild weather on the Riviera, where it is possible to grow many naturalised plants. Hot, dry summers and cold winters in Provence, with sudden drops in temperature over the course of a single day; there have even been frosts after which some gardeners have had to renew entire groves with transplanted olive trees.

Wind

The first priority is shelter from the sun and the wind. One's house is open to the south, with its back to the "mistral", the cold Provençal wind. Cypress hedges are planted reminiscent of the market gardens of Avignon. Or one may hide away in secret gardens. This is a wind from which one flees, a desiccating, exasperating wind which tortures plants as it sweeps through. And yet it is essential. It marks out the weeks and seasons and is a source of anecdotes, as Lawrence Durrell describes in his travel stories: "Mistral! There is something of Olympian Zeus about the way it rages and roars down from Mont Ventoux, always unexpectedly and always at full force, rolling boulders and dust ahead of it and whistling down the river-valleys like a herd of mad bulls. In the dusty plain of Crau the trees are all hooked into weird shapes, twisted and bent by its force. It is upon you at a moment's notice, cramming the words back into your throat, sending the dust-devils spinning and whirling like so many dervishes among the vine-

Champ de lavandes, Val Joanis.
Lavender field, Val Joanis.
Lavendelfeld, Val Joanis.

yards. But it belongs faithfully to the landscape, and matches it as the dragon matches the fairy-tale; your Provençal treats it with a boisterous contempt despite the feverish headaches and general malaise it brings with it – due probably to the tremendous drop in temperature which accompanies its appearance". Serried ranks of poplars, planes and cypress trees forming hedges soon moderate its strength and turn it into pleasant breezes, caressing as the waftings of a fan.

The sun

One must also protect oneself from the burning sun, so well described by the French writer Alphonse Daudet in his "Letters From My Mill" (1869): "It was on the way back from Nîmes, on a July afternoon. The heat was unendurable. The blazing white of the road, an esplanade of dust amid the olive groves and young oaks, stretched out into the distance beneath the dull silver of a sun which filled the sky. Not a trace of shade, not a breath of wind. Nothing but the vibration of hot air and the stridulation of the cicadas, that mad, deafening music with its urgent beat; this immense luminous vibration seems to speak with their voice...".

How is protection obtained? By planting plane trees in front of the "bastide", the Provençal farmhouse, where their dense foliage provides cool shade. By serving meals in the shade of a pavilion or an arbour entwined in scented plants. By creating a natural bower, weaving together the horizontal branches of several fig trees to form a roof under whose shade it is delightful to shelter. The Mediterranean gardener is ingenious, coaxing nature into artifice, using leafy shade.

The climate of Provence is capricious; that of the Côte d'Azur is tempered by the presence of the Mediterranean. Close to Italy, the heat becomes extreme and such as Eze and Monaco cultivate exotic plants from Mexico or the Canaries that thrive on dryness and hot sun. Menton is said to be one of the hottest towns in France, and its garden duly perform the most audacious horticultural acrobatics. The Palais Carnolès, the former residence of the princes of Monaco, possesses an amazing collection of citruses. The garden of the Villa Serena, with its particularly torrid microclimate has a superb collection of palms and cycads. William Waterfield's Clos du Peyronet is devoted to South African bulbs. The garden of Le Val Rahmeh is planted with tropical and subtropical species. At La Serre de la Madone, Lawrence Johnston cultivated exotic plants that the English climate denied him in his famous garden at Hidcote Manor: plants from South Africa, New Zealand, the Far East and Australia. On the Riviera anything grows. Gardeners can indulge their every fantasy.

Escalier, Le Domaine du Rayol.
Steps, Le Domaine du Rayol.
Treppe, Le Domaine du Rayol.

Scents

The heat gives the gardeners another string to their bow: the opportunity to blend perfumes. Under the heat and sun, leaves and flowers store up their scents, which are later released by

darkness, cool air and dew. In the evenings, the gardens float amid clouds of scent. Eucalyptus and cypress give off delicious fragrances. Then come the roses and the jasmines of the famous hills of Grasse, where many well-known perfumers have made their homes. There Edmond Roudnitska planted his garden. Creator of "Femme" for Rochas, and "Diorella", "Diorissimo" and "Eau Sauvage" for Dior, he was one of the great creators of perfumes of our times and followed his two guiding passions: fragrance and nature. For his own garden he therefore chose plants which he loved for their beauty and scent: roses, jasmine, brooms, including the famous Spanish broom *(Spartium junceum)* which is so prized in perfume making, irises, pinks, lily-of-the-valley, mimosa and the excellent prickly juniper *(Juniperus oxycedrus)*.

Strolling here, you are filled with emotion through a melody of scented clouds. Other fragrant harmonies are possible around the Mediterranean if one adds to this list the powerful scent of the tuberose, the gardenia, the flowers of the orange and those of the *Pittosporum,* whose scent is like that of the orange, and *Osmanthus fragrans,* whose discreet but intensely fragrant flowers fill the air of the early autumn garden. And how can one fail to be charmed by flowering creepers growing up the wall of a house so that their scents rise to the windows by day and night? Star jasmine *(Trachelospermum jasminoides)*, as heady as jasmine, and *Cestrum nocturnum* (whose French name means "gallant of the night"), a rambling shrub whose flowers release their scent when the sun has set and the cloak of darkness has fallen.

Plant Harmony

The scents of gardens blend with those of the Provençal shrubby vegetation, the "maquis" and the "garrigue", the only native plant-life that can survive in a rocky, arid, limestone soil. The "maquis" has its wild olives *(Olea europea)*, its mastic trees *(Pistacia lentiscus)*, myrtle, carob *(Ceratonia siliqua)* and arborescent spurge *(Euphorbia);* the "garrigue" its kermes oaks *(Quercus coccifera)*, rock rose *(Cistus)*, broom, thyme and juniper.

For the most part these plants have adapted to the conditions by developing leathery, waxy, thorny or downy leaves with which to resist evaporation and the desiccating effect of the sun. Seaside plants are resistant to sea-spray. Aloes with their fleshy leaves, agaves with their spines, and spurges such as Euphorbia dendroide, with its grey-green foliage and greeny-yellow flowers, settle among the rocks of the coastline and resist all efforts by wind, salt and sun to dislodge them. All these plants have in common leaves coloured between green and grey. So as not to disturb nature's tonal range, Mediterranean gardeners have chosen similar colours; plants with green or silvery leaves which blend with Aleppo pines (Pinus halepensis), holm oaks (Quercus ilex), olive and cypress, and mirror the harmony of the natural plant life in the "Midi", or southern France.

Chorisia speciosa.
Floss silk tree *(Chorisia speciosa).*
Brasilianischer Florettseiden-
baum *(Chorisia speciosa).*

Responding to the Landscape

They have also respected its architectural harmony. For thousands of years, humans have adapted to the relief and the steep slopes of the Mediterranean lands by constructing "restanques". The Provence countryside is wreathed in terraces which once had an agricultural purpose; this functional way of organising the landscape made movement easier and helped to retain the soil behind the low stone walls. It also facilitated irrigation. Mediterranean gardens follow this design and are generally constructed on several levels. They form series of terraces opening into the landscape, via steps and balustrades. They respond to the beauty of a site, either by framing a magnificent view as one might a painting, or by creating a scene of equivalent beauty on a similar scale. In Provence and the Côte d'Azur, the effects of nature are often spectacular. The French writer Colette, in "A Lesson in Love" (1928), speaks of the "tempestuous sunsets" that she loves to see. Her descriptions of sunsets are magnificent: "...[T]he sun, towards the end of the day, gathers the few clouds drawn up from the warm sea, sweeps them to the edge of the sky, sets them ablaze and twists them like rags of fire, stretches them out in red bars, then, as it touches the Moors, burns up in a last conflagration..."

Ferdinand Bac and Roderick Cameron are among the great figures who have moulded the gardens of the Côte d'Azur. To these exceptional aesthetes other names must be added. The Vicomte de Noailles, who fashioned his first Mediterranean garden at Hyères, then built his masterpiece at Grasse. Lawrence Johnston at La Serre de la Madone and Miss Campbell at Le Val Rahmeh were two eminent plant collectors. And how could we fail to mention the Rothschilds, great garden-lovers, or Lord and Lady Aberconway, who created the gardens of Bodnant in Wales and those of La Garoupe at Cap d'Antibes? French, English, American, Russian or German, botanists, plant-hunters, landscape gardeners to their very souls, all have left their mark.

Palmier, Le Domaine du Rayol.
Palm tree, Le Domaine du Rayol.
Palme, Le Domaine du Rayol.

This botanical passion soon carried over into Provence, too, but it came well after the advent of a style which left its mark in this region and forged its tradition: that of "bastide" gardens, which came into being in the 17th and 18th centuries around Aix-en-Provence. La Gaude is the best example, with its sophisticated "jardin de propreté" (formal garden) standing out against a landscape of vineyards, and its "tèse", a cool alley, designed to provide shade for the pleasures of the hunt.

In Provence, as in the Côte d'Azur, the influence of Italy is clearly in evidence. Terraces, geometrical and symmetrical motifs, vistas, cypress avenues and box topiary motifs are the order of the day. Each garden tells a story. The story of an intense emotion, a passion for, and attempt to equal, a landscape whose beauty lies not least in sun and scent.

Einladung in die Provence

Marie-Françoise Valéry

Die Provence und die Côte d'Azur – diese beiden Gebiete gehören eigentlich eng zusammen. Haben ihre Bewohner nicht den gleichen singenden Akzent? Wenn man diese herrliche Gegend mit einer Farbe charakterisieren müßte, so wäre es Blau: wie der Himmel, das Meer, der Lavendel, die Thymianteppiche, die Schwertlilien, der Agapanthus, die Bleiwurz, der Natternkopf oder die Rosmarinblüten; oder Grün: das Grün der Mandeln oder der Oliven. Über all diesen Farben liegt der Duft der Orangenblüten, der Tuberosen, der Eukalyptusbäume und des Jasmins. Diese Aromen werden von einem Wind übers Land getragen, der sehr heftig sein kann, und von einer brennenden Sonne erwärmt.

Provence und Côte d'Azur, ein Gebiet – freilich mit zwei Mikroklimaten: milde Wärme an der Riviera, wo sich verschiedenste Pflanzen ziehen lassen, heiße Sommer und kalte Winter in der Provence mit heftigen Temperaturstürzen an einem einzigen Tag, manchmal gar mit Frösten, welche die Olivenbäume zugrunde gehen lassen.

Lavande.
Lavender.
Lavendel.

Wind

Dem Mistral, dem kalten provenzalischen Wind, dreht man den Rücken und öffnet sein Haus nach Süden. Man pflanzt Zypressenhecken, wie es die Gemüsegärtner in der Ebene von Avignon tun, die sich in ihren »jardins secrets«, den Geheimgärten, verschanzen. Sie versuchen, dem sengenden, enervierenden Wind zu entkommen, der die Pflanzen mißhandelt, der aber doch unentbehrlich ist, da er die Wochen und die Jahreszeiten rhythmisch gliedert. Lawrence Durrell schildert ihn in seinen Reiseerinnerungen: »Der Mistral! Er hat etwas von einem olympischen Zeus in der Art, wie er vom Mont Ventoux grollt und brüllt; immer unerwartet, und immer gewaltsam, treibt er Felsen und Staub vor sich her und heult in den Tälern wie eine Herde wütender Stiere. In der staubigen Ebene der Crau sind alle Bäume zu bizarren Formen gebogen, von seiner Kraft verdreht und gekrümmt. Binnen einer Sekunde hat er einen erreicht, nimmt einem die Stimme und den Atem und läßt Staub in den Weinfeldern aufwirbeln wie

tanzende Derwische. Aber er gehört so selbstverständlich zu dieser Landschaft wie der Drache zum Märchen: der Provenzale behandelt ihn mit lärmender Verachtung trotz der fiebrigen Migränen und dem allgemeinen Unwohlsein, das er bereitet – wahrscheinlich durch den unglaublichen Temperatursturz, der sein Nahen begleitet.« Mit dichten Hecken von Pappeln, Platanen und Zypressen gelingt es, seine Kraft zu schwächen und ihn in angenehm fächelnde, liebkosende Luftbewegungen zu verwandeln.

Sonne

Man muß sich auch vor der Sonne schützen, denn sie ist brennend heiß, wie es der französische Schriftsteller Alphonse Daudet so schön in den »Briefen aus meiner Mühle« (1869) schildert: »Es war auf dem Rückweg von Nîmes an einem Nachmittag im Juli. Es herrschte eine drückende Hitze. Soweit das Auge reichte, lag die weiße, glühende Straße in ihrem Staub da zwischen den Olivengärten und den kleinen Eichen unter einer großen, mattsilbernen Sonne, die den ganzen Himmel ausfüllte. Kein Fleck Schatten, kein Windhauch. Nur das Vibrieren der heißen Luft und der schrille Ruf der Grillen, eine verrückte, betäubende Musik in schnellem Tempo, die der Klang dieser unendlichen leuchtenden Schwingung zu sein scheint ...« Wie schützt man sich davor? Man pflanzt Platanen vor seine »bastide«, das typisch provenzalische Landhaus, denn ihr dichtes Laub bewahrt die Kühle. Seine Mahlzeiten nimmt man im Schatten eines Pavillons oder eines Gartenhäuschens ein, das mit duftenden Pflanzen berankt ist. Man schafft sich eine grüne Laube aus Feigenbäumen, unter deren Dach man sich wunderbar schützen kann. Die Gärtner am Mittelmeer sind sehr fantasievoll, wenn es darum geht, Sonne und Wind zu besänftigen.

Während das Klima der Provence mitunter launisch ist, sorgt das Mittelmeer an der Côte d'Azur für ausgeglichene Temperaturen. Je weiter man in Richtung Italien reist, desto heißer wird es. Hier liegen die tropischen Gärten von Eze und Monaco, in denen Pflanzen aus Mexiko und von den Kanarischen Inseln gezogen werden, die Hitze und Trockenheit benötigen. Menton, heißt es, sei eine der heißesten Städte Frankreichs. Und die Gärten erlauben sich hier höchst gewagte gärtnerische Drahtseilakte. Das Palais Carnolès, die alte Residenz der Fürsten von Monaco, verfügt über eine eindrucksvolle Sammlung von Zitrusgewächsen. Der Garten der Villa Serena profitiert von einem besonders heißen Mikroklima und schmückt sich mit einer wunderbaren Sammlung von Palmen und Sagopalmen. Im Clos du Peyronet frönt William Waterfield seiner Leidenschaft für Zwiebelgewächse aus Südafrika. Im Garten von Le Val Rahmeh wachsen tropische und subtropische Pflanzen. In La Serre de la Madone hat Lawrence Johnston die exotischen Arten gezogen, die im englischen Klima seines berühmten Gartens Hidcote Manor nicht gedeihen konnten: Pflanzen aus Südafrika, Neuseeland, dem Fernen Osten und Australien.

Dans le jardin de Lillian Williams.
In the garden of Lillian Williams.
Im Garten von Lillian Williams.

Dauphin, La Gaude.
Dolphin fountain, La Gaude.
Delphinbrunnen, La Gaude.

Düfte

Auch mit den vielfältigen Düften läßt sich spielen. Unter der Einwirkung der Sonne und des Lichts speichern die Blätter und die Blüten Wohlgerüche, die später in der Dunkelheit, der Kühle und dem Tau freigesetzt werden. Am Abend durchziehen aromatische Wolken die Gärten. Eukalyptusbäume und Zypressen verströmen ihre köstlichen Düfte, ebenso die Rosen und die Jasmine, die früher den Ruhm der Höhen um Grasse bedeuteten, wo sich berühmte Parfümeure niedergelassen haben. So hatte Edmond Roudnitska dort seinen Garten angelegt. Der Schöpfer vieler berühmter Duftwässer wie »Femme« von Rochas, »Diorella«, »Diorissimo« und »Eau Sauvage« von Dior war einer der großen Parfümeure unserer Zeit, der sich von seinen beiden Leidenschaften – den Düften und der Natur – leiten ließ. Er wählte für seinen Garten Pflanzen, die er wegen ihrer Schönheit oder wegen ihrer Aromen schätzte: Rosen, Jasmin, Ginster, darunter der bei der Duftindustrie so beliebte Besenginster *(Spartium junceum)*; dann Schwertlilien, Nelken, Maiglöckchen, Mimosen und der ausgezeichnete Baumwacholder *(Juniperus oxycedrus)*, dessen Holz destilliert wird. Zu nennen sind auch die Tuberosen mit ihrem kräftigen Parfüm, die Geranien, die Orangenblüten, der Klebsame *(Pittosporum)* oder *Osmanthus fragrans* mit ihren unauffälligen Blüten, die aber die Gärten in der Nachsaison mit kräftigem Duft einhüllen. Und wie könnte man sich schließlich nicht von den Blütengirlanden des Sternjasmin *(Trachelospermum jasminoides)* verzaubern lassen, der ebenso stark duftet wie der einfache Jasmin, oder denen des rankenden Hammerstrauches *(Cestrum nocturnum)*, die nach Sonnenuntergang besonders stark duften.

Harmonie der Pflanzen

Die Düfte der Gärten verbinden sich mit denen der immergrünen Buschlandschaft des »maquis« oder der »garrigue«, der einzigen Vegetation, die sich dem kalkhaltigen, steinigen, trockenen und unfruchtbaren Boden dieser Gegend anpassen kann. Der »maquis« mit seinen wilden Oliven *(Olea europea)*, Mastixsträuchern *(Pistacia lentiscus)*, Myrten, baumartigen Euphorbien und mit seinen Johannisbrotbäumen *(Ceratonia siliqua)*. Die »garrigue« mit ihren Kermes-Eichen *(Quercus coccifera)*, weißen Zistrosen *(Cistus)*, Ginstern, Thymianen und Wacholdern. Die meisten dieser Pflanzen konnten sich den harten Lebensbedingungen anpassen, weil ihre ledrigen, wachsüberzogenen, dornigen oder flaumigen Blätter der Verdunstung und der brennenden Sonne trotzen. An der Küste wiederum müssen sich die Pflanzen gegen die Gischt zur Wehr setzen. Die Aloen *(Aloë)* mit ihren fleischigen Blättern, die Agaven mit ihren Dornen und die Wolfsmilch *Euphorbia dendroides* mit ihrem bläulichen Laub und ihren grüngelben Blüten siedeln sich zwischen den Felsen an der Küste an. Diesen Pflanzen sind ins Graue spielende Blätter gemeinsam. Die mediterranen Gartengestalter haben sich die-

ser Farbskala angepaßt und Pflanzen mit grünem oder silbrigem Laub verwendet, das sich mit dem Laub der Aleppo- oder Seekiefern *(Pinus halepensis)*, der Steineichen *(Quercus ilex)*, der Olivenbäume und der Zypressen verbindet.

Im Einklang mit der Landschaft

Seit Tausenden von Jahren hat sich der Mensch dem natürlichen Relief und den steilen Hängen angepaßt und »restanques« angelegt. Diese typisch provenzalischen Terrassen dienten einst landwirtschaftlichen Zwecken. Durch Steinmauern wurde der Boden festgehalten, und die so entstandenen ebenen Flächen ließen sich leichter bearbeiten und bewässern. Die mediterranen Gärten sind meistens auf mehreren Ebenen angelegt. Treppenanlagen erschließen die einzelnen Terrassen, von denen sich der Blick auf die Landschaft öffnet. In der Provence und an der Côte d'Azur sind die Natureindrücke oft so gewaltig, wie sie die französische Schriftstellerin Colette in »Tagesanbruch« (1928) ergriffen beschreibt. Von den »wütenden Sonnenuntergängen« gibt sie eine großartige Schilderung: »Das Gestirn sammelt gegen Ende des Tages die wenigen Wolken ein, die das warme Meer ausdünstet, zieht sie hinter sich her in die Tiefe des Himmels, setzt sie in Flammen und verdreht sie zu feurigen Lappen, zieht sie zu rotglühenden Balken auseinander und läßt sie zu Asche werden, wenn sie zum Reich der Mauren gelangt ...«

Ferdinand Bac und Roderick Cameron gehören zu den großen Persönlichkeiten der Gartenkunst an der Côte d'Azur. Neben diesen außergewöhnlichen Künstlern muß der Vicomte de Noailles genannt werden, der seinen ersten mediterranen Garten in Hyères angelegt hatte, bevor er sein Meisterwerk in Grasse schuf. Lawrence Johnston in La Serre de la Madone und Miss Campbell in Le Val Rahmeh waren beide bedeutende Pflanzensammler. Nicht zu vergessen schließlich die Rothschilds, leidenschaftliche Gartenliebhaber, oder Lord und Lady Aberconway, die die Gärten von Bodnant in Wales und von La Garoupe am Cap d'Antibes geschaffen haben. Franzosen, Engländer, Amerikaner, Russen und Deutsche haben den Gärten ihren Stempel aufgedrückt.

Auch in der Provence entzündete sich die Pflanzenleidenschaft, entwickelte sich aber erst mit der Tradition der »bastide«-Gärten. Der Landhaus-Typ der »bastide« entstand im 17. und 18. Jahrhundert in der Umgebung von Aix. Das großartigste Beispiel dafür ist La Gaude mit seinem raffinierten Garten und seiner »tèse«, einer schattigen Allee, die einst der Jagd diente.

In der Provence wie an der Côte d'Azur ist der Einfluß Italiens offensichtlich. Terrassen, geometrische und symmetrische Motive, Perspektiven, Zypressenalleen und beschnittener Buchsbaum sind die ins Auge fallenden Stilelemente. Jeder Garten erzählt, die Geschichte einer großen Leidenschaft, der begeisterten Auseinandersetzung mit einer Landschaft des Lichts und der Düfte.

Bassin, La Serre de la Madone. Pool, La Serre de la Madone. Wasserbecken, La Serre de la Madone.

Erik Borja

Erik Borja

Erik Borja est sculpteur. Il a travaillé son jardin comme un artiste aurait sculpté son œuvre dans son atelier. Sur le tas. Il a réalisé deux jardins en un. Le premier est d'inspiration japonaise, le second, très méditerranéen. Erik Borja est depuis toujours épris des jardins japonais où le fait artistique prédomine, et où la religion, la philosophie et l'esthétique se rejoignent en atteignant des sommets. Ils sont aussi la représentation symbolique du paradis et la miniaturisation d'un paysage naturel idéal. Ce jardin drômois est conçu comme un tableau donnant l'illusion d'un paysage immense avec des montagnes, des étangs et des vallées, grâce à des effets en trompe-l'œil et des jeux de tailles, des études de formes et de volumes où s'opposent l'ombre et la lumière. Le second jardin est orienté au sud. Son architecture le contraint et le met au service de l'homme. Par un jeu de terrasses, d'escaliers et de formes taillées, on redescend vers un chemin qui rejoint la nature sauvage et les vergers.

Erik Borja is a sculptor. He has worked on his garden as an artist might on a sculpture in the studio, improvising as he goes. He has made two gardens in one. The first is Japanese in inspiration, the second essentially Mediterranean. Erik Borja has always loved Japanese gardens, in which the artistic gesture prevails, and in which religion, philosophy and aesthetics combine to reach new heights. They are also a symbolic representation of paradise and the miniaturisation of an ideal natural landscape. Like this garden in the valley of the river Drôme, which, like a picture, gives the illusion of an immense landscape with mountains, lakes and valleys. The illusion is produced by "trompe-l'œil" effects, a range of topiary techniques, and the play of light and shade. The second garden has a southern aspect. Its architecture traps the sunlight and puts it to work. A series of terraces, steps and topiary forms leads down to a path which continues out into untamed nature and the orchards. And thus one leaves this artistically sculpted composition.

La terrasse couverte.
The covered terrace.
Die überdachte Terrasse.

Erik Borja ist Bildhauer, und er gestaltete seinen Garten wie ein Künstler seine Skulptur. Schritt für Schritt schuf er einen japanischen und einen mediterranen Garten. Erik Borja war schon immer fasziniert von japanischen Gärten, bei denen sich die Natur der künstlerischen Gestaltung unterwerfen muß. Sie spiegeln symbolisch das Paradies wider und stellen eine natürliche Ideallandschaft in Miniaturgröße dar – so wie dieser Garten im Tal der Drôme. Durch die raffiniert geschnittenen Bäume und Sträucher, dank des Spiels von Licht und Schatten, das ein genaues Studium der Formen und Massen voraussetzt, wird eine weite Landschaft mit Bergen, Teichen und Tälern suggeriert. Der mediterrane Garten dagegen ist nach Süden ausgerichtet und öffnet sich der Sonne. Über eine Folge von Terrassen und Treppen steigt man hinab zu einem Weg, der den Garten mit den Obstbaumfeldern des Umlandes verbindet. Hier verläßt man das kunstvolle und außergewöhnliche Werk eines Bildhauers.

Cette magnifique scène sculptée dans le végétal est composée de masses informelles, taillées dans des chèvrefeuilles *(Lonicera nitida)*, et de formes architecturées; à gauche, un cyprès de Florence, au centre, un if en forme de lanterne, à droite, *un Chamaecyparis lawsoniana* 'Ellwoodii' taillé en forme de nuage.

This magnificent scene is a plant sculpture composed of irregular shapes carved out of *Lonicera nitida* alongside more architectural forms: to the left, an Italian cypress, in the centre, a lantern-shaped yew, and on the right a *Chamaecyparis lawsoniana* 'Ellwoodii' pruned into a cloud form.

Diese großartige Szene aus Pflanzenskulpturen besteht aus wellenförmig beschnittenen Heckenkirschen *(Lonicera nitida)* und strengen architektonischen Formen: links eine toskanische Zypresse, in der Mitte eine laternenförmige Eibe und rechts eine Scheinzypresse *(Chamaecyparis lawsoniana* 'Ellwoodii'), die in Wolkenform geschnitten wurde.

Un arbre de Judée *(Cercis siliquastrum)*.
A Judas tree *(Cercis siliquastrum)*.
Ein Judasbaum *(Cercis siliquastrum)*.

Vue du jardin japonais. Au premier plan, la zone de sable symbolise une étendue d'eau avec des promontoires rocheux et des îles. Elle annonce l'étang que l'on distingue au second plan. Le sable est ratissé en écailles de carpes figurant des ondes.

View of the Japanese garden. In the foreground, the area of sand symbolises a stretch of water with rocky promontories and islands. It suggests a real stretch of water: the pond visible in the background. The sand is raked into fish-scale patterns to imitate rippling water.

Ansicht des japanischen Gartens. Die mit der Harke in den Sand gezogenen Schuppenmuster stellen Wellen dar. Die so angedeutete Wasserfläche verweist auf den Teich im Hintergrund.

Les fruits de deux variétés différentes de buissons-ardents
(Pyracantha).

The berries of two different
varieties of firethorn *(Pyracantha).*

Die Früchte zweier Varietäten
von Feuerdorn *(Pyracantha).*

Dans le jardin japonais, les arbres
et les arbustes sont taillés de telle
sorte qu'ils dessinent différents
plans et rejoignent progressive-
ment par leur hauteur celle des
arbres indigènes ayant poussé en
liberté. Ici, un cyprès bleu taillé
en nuage se détache sur un érable
(Acer) aux couleurs automnales.

In the Japanese garden, the
trees and shrubs are pruned into
various forms and graded till
they reach the same height as
the native trees, which have been
allowed to grow freely. Here, a
blue cedar cut into a cloud shape
stands out against a maple *(Acer)*
in its autumn colours.

Im japanischen Garten sind
die Bäume und Büsche so beschnitten, daß unterschiedliche
Ebenen entstehen und sie mit
ihrer Höhe allmählich die der
heimischen, frei gewachsenen
Bäume erreichen. Hier hebt sich
eine wolkenförmig beschnittene
blaue Zypresse gegen einen in
Herbstfarben getauchten Ahorn
(Acer) ab.

Ci-dessus: Ces galets assemblés provenant de l'Isère sont une évocation du Fuji-Yama. A gauche, un genévrier *(Juniperus)* taillé en nuage. Au fond, les cultures de vignes typiques du pays drômois.
A gauche: Ces marches de pierres et de débris archéologiques utilisés en référence à la ville romaine de Tipaza en Algérie, célébrée par l'écrivain Albert Camus, descendent du jardin méditerranéen.

Above: The collection of pebbles comes from the river Isère, and is an evocation of Mount Fuji. To the left, a cloud-shaped topiary juniper. In the background, a vineyard typical of the Drôme region.
Left: These stone steps and the archaeological fragments, an allusion to the Roman city of Tipaza in Algeria so lyrically described by the writer, Albert Camus, lead down from the Mediterranean garden.

Oben: Diese aufgehäuften Kieselsteine stammen vom Ufer der Isère und verweisen auf den Fudschijama. Links sieht man einen wolkenförmig beschnittenen Wacholder *(Juniperus),* im Hintergrund die für das Drômegebiet typischen Weinkulturen.
Links: Die steinernen Trittplatten, die vom mediterranen Garten hinabführen, bestehen teilweise aus antiken Fundstücken. Sie spielen auf die römische Stadt Tipasa im heutigen Algerien an, die der Schriftsteller Albert Camus lyrisch beschrieb.

Ci-dessus: Cette scène marque l'entrée du jardin de méditation, le pavement ménageant différentes vues du paysage, des effets de surprise et des variations d'atmosphère.
A droite: On est encore dans le jardin japonais, mais on aperçoit déjà le jardin méditerranéen en contrebas, avec sa tonnelle de bambous. Au premier plan: un moutonnement de chèvrefeuilles (*Lonicera nitida*). Au loin, le paysage ouvre sur les vergers. Au centre, on remarque un chêne local.

Above: This view shows the way into the meditation garden. Each bend of the winding path with its inviting paving stones offers a new view, often linked with a surprise effect and a change of atmosphere.
Right: We are still in the Japanese garden, but the Mediterranean garden is now visible below, with its bamboo arbour. In the foreground, undulating stretches of *Lonicera nitida*. In the distance, the landscape opens out into the orchards. In the centre, a native oak.

Oben: Eingang zum Meditationsgarten; der Weg lädt ein zum Spaziergang zwischen unterschiedlichen Landschaftszenen, reich an Stimmungsbildern und Überraschungseffekten.
Rechts: Wir befinden uns noch im japanischen Garten, aber man erkennt schon den mediterranen Garten mit der Bambuslaube. Dahinter öffnet sich die Landschaft auf Obstgärten. Im Vordergrund sieht man in Wellenformen geschnittene Heckenkirschen (*Lonicera nitida*), in der Mitte eine heimische Eiche.

La
Bambouseraie
de Prafrance

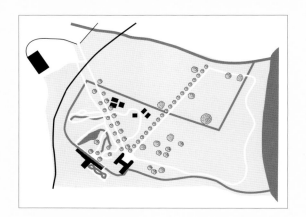

La Bambouseraie de Prafrance

30140 Anduze
Tel. 04 66 61 70 47

Cette collection de bambous unique en Europe est née du cheminement de plusieurs passions. Son créateur Eugène Mazel était familier des pays d'Asie d'où il recevait des plantes rares qu'il installa à Prafrance en 1855. Notamment des bambous. Il fit de ce vallon l'un des plus beaux parcs botaniques de l'époque. Mais il eut des revers de fortune et dut céder l'endroit. En 1902, Gaston Nègre le racheta et le sauva. Son fils Maurice et son épouse le relayèrent. Aujourd'hui, son destin est entre les mains de sa petite-fille Muriel et de son époux Yves Crouzet qui l'enrichissent avec le même talent. Cette bambouseraie est un jardin d'ambiance où l'on se promène parmi les graminées et les arbres géants. Des séquoias *(Sequoiadendron)* et des palmiers bordent les allées. Plus d'une centaine de variétés créent une forêt de chaumes où l'on apprend à distinguer les caractéristiques de chaque spécimen. Sous la houlette d'Yves Crouzet, le parc s'est orné d'un «bambusarium», d'un jardin japonais, d'un village laotien et d'un jardin aquatique.

This collection of bamboos is unique in Europe. It is the end product of several different passions. Its creator, Eugène Mazel, knew the countries of Asia well and the plants he established at Prafrance in 1855, all came from that part of the world, with bamboos predominating. He made this little valley into one of the finest botanical parks of its time. In 1902, Gaston Nègre bought the park and restored it. His son Maurice and his wife took over after his death. Today, the park is in the hands of his granddaughter Muriel and her husband Yves Crouzet, who pour their joint talents into its enrichment. The bamboo garden is a place full of atmosphere, where one walks among these grasses and huge trees. By the sides of the paths stand giant redwoods *(Sequoiadendron)* and palm trees. More than a hundred varieties of bamboo create a culm-forest amid which one learns to distinguish the characteristics of each specimen. Under the guidance of Yves Crouzet, the park has acquired a "bambusarium", a Japanese garden, a Laotian village and a water garden.

Le village laotien.
The Laotian village.
Das laotische Dorf.

Diese in Europa einzigartige Bambussammlung verdankt ihr Dasein einer Vielzahl von Leidenschaften. Ihr Schöpfer Eugène Mazel war ein Asienkenner und ließ sich von dort Bambus und andere seltene Gewächse schicken, die er 1855 in Prafrance anpflanzte. Aus dem kleinen Tal wurde einer der schönsten botanischen Gärten jener Zeit. Im Jahr 1902 erwarb ihn Gaston Nègre, später wurde die Anlage von dessen Sohn Maurice und seiner Frau übernommen. Heute liegt ihr Geschick in den Händen der Enkelin Muriel und ihres Mannes Yves Crouzet. Die Bambouseraie ist ein stimmungsvoller Garten, in dem man unter Bambus und riesigen Bäumen lustwandelt. Mammutbäume *(Sequoiadendron)* und Palmen fassen die Alleen ein, die durch einen Bambuswald mit mehr als hundert Varietäten führen. Yves Crouzet ließ außerdem ein »Bambusarium«, einen japanischen Garten, ein laotisches Dorf und einen Wassergarten anlegen.

Phyllostachys edulis dont «les gaines sont utilisées au Japon et en Chine pour fabriquer des sandales ou envelopper des cadeaux, parfois des aliments», explique Yves Crouzet.

Phyllostachys edulis whose "sheaths are used in Japan and China for making sandals, wrapping gifts and, occasionally, wrapping food", explaines Yves Crouzet.

»Die Blattscheiden von *Phyllostachys edulis* werden in Japan und China dazu verwendet, Sandalen anzufertigen oder Geschenke, mitunter auch Nahrungsmittel einzupacken«, erklärt Yves Crouzet.

La Bergerie
du Bosquet

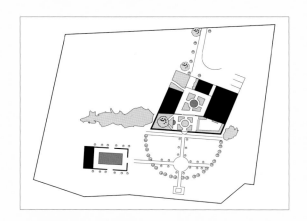

La Bergerie du Bosquet

Pour créer leur jardin, Yavuz Karaözbek et Patrick Just se sont souvenus des œuvres du grand architecte ottoman Sinan (vers 1490–1588), contemporain de Michel-Ange et de Léonard de Vinci. Ils ont semé la première graine dans les années soixante-dix, et ont réalisé leur jardin, pièce par pièce, en étroite relation avec la maison. Le premier jardin est aromatique: composé de quatre banquettes géométriques et symétriques, il est fermé sur trois côtés par la maison, elle-même longée d'une pergola parfumée. Il ouvre sur le jardin des oliviers qui est orné d'une fontaine ottomane du XIXᵉ siècle. Derrière, se cache un jardin secret tapissé d'une « calade », un sentier de galets, dont le dessin est inspiré du palais de Topkapı à Istanbul. Puis on découvre un grand jardin construit selon deux axes traversant des banquettes de lavandes disposées en demi-lune et délimitées par des cyprès groupés deux par deux. Ce motif élégant est emprunté à une gravure ottomane du XVIᵉ siècle. Ici, rien n'est le fruit du hasard, tout est pensé, y compris les vues sur le paysage et notamment sur le village.

In the creation of their garden, Yavuz Karaözbek and Patrick Just had in mind the work of the great Ottoman architect Sinan (c. 1490–1588), a contemporary of Michelangelo and Leonardo da Vinci. They began in the Seventies and created it section by section. They wanted to make sure that each window looked out onto greenery. The first garden is aromatic and is made up of four symmetrical, geometrical raised beds. It is enclosed on three sides by the house, and on the fourth by a pergola of heavily-scented flowers. It opens onto an olive garden adorned with a 19th century Ottoman fountain. Beyond it is a secret garden paved with a "calade", a pebbled pathway, whose design was inspired by the Topkapı Palace in Istanbul. Then one comes to a large garden centred on two pathways which cross crescent-shaped raised lavender beds; the garden is edged by pairs of cypresses set side by side. This elegant motif is drawn from a 16th century Ottoman engraving. Here, everything has been thought out in advance, even down to the views over the countryside and the village.

Bei der Anlage ihres Gartens haben sich Yavuz Karaözbek und Patrick Just an den Werken des großen osmanischen Architekten Sinan (um 1490–1588) orientiert, eines Zeitgenossen von Michelangelo und Leonardo da Vinci. Seit den siebziger Jahren haben sie den Garten Stück für Stück in enger Verbindung zum Haus angelegt. Der erste Garten ist ein Duftgarten, komponiert aus vier geometrischen und symmetrischen Hochbeeten. Er wird dabei auf drei Seiten vom Haus eingeschlossen, an dem sich eine mit duftenden Kletterpflanzen berankte Pergola entlangzieht. Diese Anlage öffnet sich zum Olivengarten, der mit einem türkischen Brunnen aus dem 19. Jahrhundert geschmückt ist. Dahinter verbirgt sich ein von »calades« genannten Kieswegen durchzogener Geheimgarten, dessen Entwurf dem Topkapı-Palast in Istanbul nachempfunden ist. Danach entdeckt man einen großen Garten mit zwei Achsen, die durch halbmondförmige Lavendelbeete führen und von Zypressen in Zweiergruppen begrenzt werden. Dieses elegante Motiv ist einem osmanischen Stich aus dem 16. Jahrhundert entnommen. Nichts ist hier dem Zufall überlassen, alles ist auf das genaueste geplant. Das gilt auch für die Ausblicke auf die Landschaft und vor allem auf das Dorf.

Des hydrangéas en pot.
Potted hydrangeas.
Hortensien.

Ci-dessus: De cette fenêtre du premier étage, on embrasse une succession de jardins dont le premier est voué aux parfums. Sur la tonnelle grimpent rosiers, glycines, chèvrefeuilles et jasmins.

A droite: vue inversée de l'illustration précédente. Au premier plan, les banquettes de lavandes et de romarins du jardin aromatique structuré par des buis taillés en boules et des ifs taillés en cônes.

Above: From this first-floor window, one looks out over a series of gardens, the first of which is devoted to scented plants. On the arbour are climbing roses, wisteria, honeysuckle and jasmine.

Right: the arbour from the opposite side. In the foreground are the raised lavender and rosemary beds of the aromatic garden, given structure by box spheres and cone-shaped yews.

Oben: Von der ersten Etage des Hauses überblickt man eine Folge von Gärten, deren erster den Düften geweiht ist. Die Pergola ist mit Rosen, Glyzinen, Geißblatt und Jasmin bewachsen.

Rechts: Blick vom Garten auf das Haus; im Vordergrund sieht man die Lavendel- und Rosmarinbeete im Duftgarten, der durch kugeligen Buchsbaum und kegelförmig geschnittene Eiben gegliedert ist.

La Bergerie du Bosquet 33

Ci-dessus: L'axe longitudinal du grand jardin mène, d'un côté à la piscine, et de l'autre à un portique en pierre du XVIIIᵉ siècle. Au premier plan, le rosier 'Haendel' grimpe sur une arche qui marque l'entrée de la roseraie, près de la piscine.
A droite: l'un des rosiers-tige obtenu par Meilland, dans le jardin aromatique.

Above: The longitudinal pathway of the large garden leads on one side to the swimming pool, and on the other to an 18th century stone portico. In the foreground, a 'Haendel' rose clambers over an arch which marks the entry to the rose-garden, near the swimming pool.
Right: one of the standard roses bred by Meilland, in the aromatic garden.

Oben: Die Längsachse des großen Gartens führt von einem Schwimmbecken zu einer Säulenhalle aus dem 18. Jahrhundert. Im Vordergrund rankt die Rose 'Händel' über einen Bogen, der den Eingang zum Rosengarten in der Nähe des Schwimmbeckens bildet.
Rechts: eine der bei Meilland erworbenen Stammrosen im Duftgarten.

Ci-dessus: La piscine est entourée de plates-bandes mélangeant arbustes, plantes vivaces et plantes annuelles. Ici, verveines roses *(Verbena)*, cistes de la garrigue et cinéraires grises *(Senecio)*. A gauche, des agrumes cultivés en pot. A droite, un olivier *(Olea)*.
A gauche: L'axe transversal du grand jardin aboutit à une gloriette où grimpent les rosiers 'Wedding Day', 'Pierre de Ronsard' et une rose de Banks à fleurs blanches.

Above: The swimming pool is surrounded by flower-beds in which shrubs, evergreens and annuals mingle. Here we see pink verbena, rock roses *(Cistus)* from the "garrigue" and grey *Senecio*. To the left is a potted citrus tree. To the right, an olive tree *(Olea)*.
Left: The transversal pathway of the large garden leads to a "gloriette", or gazebo, on which 'Wedding Day' and 'Pierre de Ronsard' roses clamber, alongside a white Banksian rose.

Oben: Das Schwimmbecken ist mit Rabatten eingefaßt, in denen sich Sträucher, ausdauernde und einjährige Pflanzen abwechseln. Hier wachsen zartrosa Eisenkraut *(Verbena)*, Zistrosen *(Cistus)* aus der »garrigue« und Kreuzkraut *(Senecio)*. Links sieht man einen im Topf gezogenen Zitrusbaum, rechts einen Olivenbaum *(Olea)*.
Links: Die Querachse des großen Gartens endet an einer »gloriette«, einem Gartenhaus in Form eines offenen Pavillons, an der sich die Kletterrosen 'Wedding Day', 'Pierre de Ronsard' und eine *Rosa banksiae* mit weißen Blüten emporranken.

Le Petit
Fontanille

Le Petit Fontanille

Anne Cox Chambers a le goût des belles choses et notamment des jardins. Féminin par ses fleurs, raffiné par son choix de couleurs, bien architecturé car chaque thème est encadré par une structure de buis bien affirmée, parfumé puisque l'honneur est donné aux lavandes, aux herbes aromatiques et aux rosiers: ainsi pourrait-on définir le sien. Avant l'arrivée d'Anne Cox Chambers, seuls quelques beaux arbres composaient le décor autour du mas, tout en signant leur appartenance à un domaine dont l'histoire remonte par étape au XIVᵉ siècle. Anne Cox Chambers fit tour à tour appel à de grands paysagistes pour façonner l'endroit. Peter Coates, Rory Cameron, Rosemary Verey, Ryan Gainey et Tim Rees laissèrent chacun leur empreinte au Petit Fontanille. Il en résulte une succession de scènes: un jardin de buis, une allée de cyprès menant à la piscine, une prairie fleurie, un jardin bouquetier, un champ de lavandes, une roseraie, un talus fleuri, un jardin d'herbes et une chambre verte. Neuf jardins qui s'égrènent un à un.

Anne Cox Chambers has a taste for beautiful things and for gardens in particular, as her own property shows. Feminine in its choice of flowers, sophisticated in its colours, it is nonetheless clearly structured; each theme is framed by a definite outline of box. And it is full of scent, for pride of place is given to lavender, aromatic herbs and roses. Before the arrival of Anne Cox Chambers, the "mas", her Provençal farm house, was surrounded by a few handsome trees and nothing else, though these belonged to an estate whose history goes back in places to the 14th century. Anne Cox Chambers called upon a number of great landscape gardeners to transform the site. Peter Coates, Rory Cameron, Rosemary Verey, Ryan Gainey and Tim Rees have all left their mark at the Petit Fontanille. The result is a succession of scenes: a box garden, an avenue of cypresses leading to the swimming pool, a wildflower meadow, a flower garden, a lavender field, a rose garden, a bank planted with flowers, a herb garden and a "green room". Nine gardens, to be savoured one by one.

Anne Cox Chambers hat einen ausgeprägten Sinn für schöne Dinge, insbesondere für Gärten. Das sieht man auch an ihrem eigenen Park, dessen Blumen in ihrer raffinierten Farbauswahl die weibliche Hand erkennen lassen. Anne Cox Chambers hat den Garten architektonisch gestaltet und jedem Thema mit Buchsbaum einen strengen Rahmen verliehen. Es ist ein duftender Garten, denn ihre Liebe gilt vor allem dem Lavendel, den Duftkräutern und den Rosen. Bevor Anne Cox Chambers das Anwesen erwarb, bildeten einige schöne Bäume rings um den »mas«, einen typisch provenzalischen Bauernhof, den einzigen Schmuck. Die Geschichte des Besitzes läßt sich bis zum 14. Jahrhundert zurückverfolgen. Anne Cox Chambers zog nacheinander verschiedene große Gartenarchitekten zu Rate. Alle – Peter Coates, Rory Cameron, Rosemary Verey, Ryan Gainey und Tim Rees – drückten Le Petit Fontanille ihren Stempel auf. So ist allmählich eine Folge von Gartenszenen entstanden: ein Buchsgarten, eine zum Schwimmbecken führende Zypressenallee, eine Blumenwiese, ein Schnittblumengarten, ein Lavendelfeld, ein Rosengarten, eine blühende Böschung, ein Kräutergarten und ein grünes Zimmer – neun Gärten, die wie Perlen an einer Schnur aufeinander folgen.

Le champ de lavandes.
The lavender field.
Das Lavendelfeld.

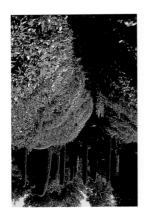

A gauche: En contrebas de l'allée de cyprès, un bassin en demi-lune apporte sa fraîcheur et sa musique. Derrière, cette grande allée conduit les promeneurs du mas au jardin de la piscine.
Ci-dessous: Cette allée prend son départ entre le potager et le jardin de fleurs à couper, se faufile entre les romarins et les lauriers (*Laurus nobilis*) et mène au bassin en demi-lune.

Left: Below the cypress walk, a pool in the shape of the crescent moon brings coolness and the music of water. The cypress walk leads from the house to the swimming pool garden.
Below: This walk begins between the kitchen garden and the beds of cutting flowers, continues between the rosemary and the sweet bay (*Laurus nobilis*) and finishes at the crescent pool.

Links: Unterhalb der Zypressen-allee spendet ein halbmondförmiges Wasserbecken mit seinem beruhigenden Plätschern wohltuende Frische. Dahinter geleitet die große Allee die Spaziergänger vom »mas« zu einem Garten mit Schwimmbecken.
Unten: Diese Allee beginnt zwischen Gemüse- und Schnittblumengarten, schlängelt sich zwischen Rosmarin und Lorbeer (*Laurus nobilis*) hindurch und führt zu einem halbmondförmigen Wasserbecken.

Ci-dessus: Le potager et le jardin de fleurs à couper se font suite. Ils ont tous deux un tracé très architecturé et furent dessinés par la célèbre Rosemary Verey. Le potager est purement ornemental, planté de légumes d'ornement comme des piments colorés, des choux décoratifs ou des poirées à cardes rouges. Le jardin bouquetier offre des dahlias, des zinnias, des delphiniums et quantité de roses modernes et parfumées. **A droite:** Cette chambre verte, en deux parties, s'approche de l'orangerie. Il suffit de la traverser pour que se déclenche tout un jeu de jets d'eau. L'allée principale est rythmée de buis, les côtés sont ornés de bustes.

Above: The kitchen and the cutting flower gardens are adjacent. Both were designed by the famous Rosemary Verey and have a clearly structured layout. The kitchen garden is purely ornamental, with decorative vegetables such as coloured peppers, ornamental cabbages and red leaf beet or ruby chard. Among the flowers for cutting are dahlias, zinnias, delphiniums and many modern and scented roses. **Right:** This green room, divided into two, is close to the orangery. The visitor who crosses it sets off a series of jets of water. The main walk is flanked by topiary box, while the sides of the room are decorated with busts.

Oben: Gemüse- und Schnittblumengarten liegen direkt nebeneinander. Die berühmte Gartengestalterin Rosemary Verey hat beide in streng architektonischem Stil angelegt. Der rein ornamentale Gemüsegarten ist mit dekorativen Gemüsen wie farbigem Paprika, Zierkohl oder rotrippigem Mangold bepflanzt. Der Schnittblumengarten schmückt sich mit Dahlien, Zinnien, Rittersporn und modernen duftenden Rosen. **Rechts:** Dieses »grüne Zimmer« schließt sich an die Orangerie an. Sobald man es betritt, setzen sich die Wasserspiele in Gang. Die Hauptallee wird von Buchskegeln eingerahmt, die Seiten sind mit Büsten geschmückt.

Ci-dessus: La piscine se prolonge par un édifice servant de pavillon, évoquant une folie mais qui est en fait un ancien lavoir acheté dans le Gard. Il fut démonté pierre par pierre, celles-ci furent numérotées pour ensuite être remontées ici.

À droite: Dans l'orangerie grimpent des plantes qui offrent leur parfum jusqu'à Noël, notamment des jasmins. À droite, on remarque une grotte en coquillages. Au fond, la statue de Neptune. L'orangerie ferme la promenade dans le jardin.

Above: By the swimming pool is a little folly-like pavilion. Formerly a wash-house in the valley of the river Gard, its stones were numbered and taken down one by one so that it could be rebuilt here.

Right: In this orangery are climbing plants, notably jasmines, which continue to flower and scent the building as late as Christmas. To the right, there is a grotto made of shells, framing a statue of Neptune. The orangery marks the end of the garden.

Oben: Das Gebäude an der Schmalseite des Schwimmbeckens, das als Pavillon dient, war ursprünglich ein Waschhaus im Tal des Gard. Man hat es Stein für Stein dort abgetragen, die Steine numeriert und hier wieder aufgebaut.

Rechts: In der Orangerie wachsen Kletterpflanzen – vor allem Jasmine, die bis Weihnachten ihren Duft verströmen. Rechts sieht man eine Grotte aus Muschelwerk mit einer Statue des Neptun. An der Orangerie endet der Weg in den Garten.

Les Confines

Les Confines

Dominique Lafourcade possède de nombreux talents. Entre autres choses, elle crée des jardins. Voici le sien. En général, elle les aime italiens, bien architecturés, avec des perspectives, des terrasses, des axes et des bassins, plantés des végétaux qui bordent la Méditerranée. Dominique Lafourcade et son époux Bruno, restaurateur de propriétés anciennes dans l'esprit du XVIIIᵉ siècle, ont fait l'acquisition des Confines en 1990. Autour de ce vieux mas, le jardin n'existait pas. Aujourd'hui, il semble avoir toujours été là. Il décrit une promenade qui part de la terrasse ombrée de platanes centenaires et ouvrant sur un bassin. Elle passe par le jardin rond, le jardin de roses, une longue pergola drapée de treilles, longe un champ de lavande et pousuit son chemin symétriquement vers le jardin d'herbes. Au sortir de cette magnifique composition, on découvre les potagers, le verger, le jardin portugais et le jardin de boules. Une succession de surprises joyeuses et savoureuses.

Dominique Lafourcade is a lady of many talents, the creation of gardens being just one of them. Here is her own. In general, she likes Italianate gardens, with vistas, terraces, pathways and ponds, all clearly structured and planted with Mediterranean flora. Dominique Lafourcade and her husband Bruno, who restores old houses in the style of the 18th century, acquired Les Confines in 1990. At that time, there was no garden around the old "mas". Today, it is as if it had always been there. The garden forms a promenade starting at the terrace, which looks out over a pool from the shade of its ancient plane trees. The walk passes through the round topiary garden, runs alongside the rose garden, a long trellised pergola, passes by a lavender field, and follows a symmetrical path through the herb garden. That magnificent design adjoins the kitchen garden, and then come the orchard, the Portuguese garden and the ball garden. A succession of joyful and delectable surprises.

Dominique Lafourcade besitzt viele Talente, so zum Beispiel dasjenige, Gärten anzulegen. Im allgemeinen liebt sie Gärten im italienischen Stil mit Blickachsen, Terrassen und Wasserbecken, die sie mit mediterranen Pflanzen ausstattet. Dominique Lafourcade und ihr Mann Bruno, der alte Anwesen im Stil des 18. Jahrhunderts restauriert, haben den »mas« Les Confines im Jahr 1990 erworben. Damals gab es noch keinen Garten, aber heute wirkt er, als sei er schon immer dagewesen. Der Garten ist als Promenade konzipiert, die an der von hundertjährigen Platanen beschatteten Terrasse beginnt und auf ein Wasserbecken zuläuft. Durch den Runden Garten und den Rosengarten führt der Weg an einer langen Pergola mit Lindenbast vorbei und zieht sich an einem Lavendelfeld entlang bis zu einem Kräutergarten. Am Ausgang dieser wunderbaren Anlage entdeckt man die Gemüsegärten, den Obstgarten, den Portugiesischen Garten und den Kugelgarten – eine Folge fröhlicher, köstlicher Überraschungen.

Les plantes se ressèment entre les pierres.
The plants seed themselves between the stones.
Zwischen den Steinen säen sich Pflanzen aus.

Ci-dessus: Ce chemin d'eau est l'axe principal de la grande composition. Il est perpendiculaire au bassin rectangulaire situé devant la maison. Bordé d'oliviers cultivés en pots, il s'achève sur un arceau recouvert de lierre *(Hedera)*.
A droite: Celui-ci ferme la perspective tout en l'ouvrant sur un pré fréquenté par des chevaux.

Above: This watercourse forms the main axis of the composition. It is at right angles to the rectangular pool in front of the house and is flanked by olives grown in pots.
Right: The watercourse ends in a circle of ivy *(Hedera)* through which one looks into a meadow where horses graze.

Oben: Dieser schmale Kanal bildet die Hauptachse der großen Anlage. Er beginnt an dem rechteckigen, vor dem Haus gelegenen Wasserbecken und wird gerahmt von in Töpfen gezogenen Olivenbäumen.
Rechts: Der Kanal endet an einem mit Efeu *(Hedera)* bewachsenen Ring, durch den hindurch man auf eine Pferdeweide blickt.

Ci-dessus: le bassin rectangulaire parallèle à la maison, et au fond, la treille.

A droite: Ce chemin de galets relie les maisons de verdure situées à l'extrémité de chaque treille. Il franchit le chemin d'eau. Il est composé de briques et de galets ramassés au bord de la Durance.

Above: The rectangular pool, adjacent to the house, with a pergola in the background.

Right: The pebble-paved path links the foliage "houses" standing at either end of the pergola. It crosses the waterway and is made up of bricks and pebbles collected from the banks of the river Durance.

Oben: Das Wasserbecken liegt beim Haus. Im Hintergrund sieht man die Weinlaube.

Rechts: Der kunstvoll gepflasterte Weg verbindet die Gewächshäuser, die am äußersten Ende jeder Weinlaube gelegen sind. Er überquert den Kanal und ist teils mit Backstein, teils mit Kieseln vom Ufer der Durance belegt.

Le jardin d'herbes et le «Banc du Roi», surnommé ainsi car le roi et la reine de Belgique, grands amateurs de jardins, s'y sont assis. Dessiné par Dominique Lafourcade, il est composé d'une armature en fer et de lattes de bois.

The herb garden and the "King's Bench", so called because those great garden-lovers, the King and Queen of Belgium once sat on it. The bench was designed by Domique Lafourcade and has an iron frame with wooden slats.

Kräutergarten und »Banc du Roi«, benannt nach dem belgischen Königspaar, das Gärten liebt und dort einmal gesessen hat. Die von Dominique Lafourcade entworfene Bank besteht aus einem Eisengestell und Holzlatten.

Les champs de lavandes qui occupent le fond de la grande composition sont situés de part et d'autre de l'axe principal. Ils sont plantés de 1 700 pieds. Dominique Lafourcade récolte les fleurs et les met en sachets pour parfumer le linge.

The lavender fields that form the background of the whole design are situated on either side of the central pathway. There are 1 700 bushes. Dominique Lafourcade collects the flowers and puts them in sachets to scent the linen.

Zu beiden Seiten der Hauptachse liegen die Lavendelfelder mit insgesamt 1 700 Pflanzen, die den Hintergrund der Anlage bilden. Dominique Lafourcade erntet die Blüten und verpackt sie in Säckchen, um damit ihre Wäsche zu parfümieren.

Ci-dessus: Le jardinier Monsieur Lopez a beaucoup aidé Dominique Lafourcade depuis le début de la création du jardin. Il travaille sous la treille parmi les iris, les hémérocalles, les glycines et les vignes.
A droite: le jardin d'herbes avec des buis enserrant de la ciboulette.

Above: The gardener, Monsieur Lopez, has been of great assistance to Dominique Lafourcade since the garden was first created. Here he is working under the pergola, among the irises, day lilies *(Hemerocallis)*, wisteria and vines.
Right: A detail of the herb garden shows box hedges around the chives.

Oben: Der Gärtner Monsieur Lopez unterstützt Dominique Lafourcade bei der Gestaltung und Pflege des Gartens. Hier arbeitet er in der Weinlaube zwischen Schwertlilien *(Iris)*, Taglilien *(Hemerocallis)*, Glyzinen und Wein.
Rechts: Detail des Kräutergartens: Buchsbaumhecken rahmen Schnittlauch.

L'autre treille, symétrique de la précédente. Elle est en pin traité, comme le sont les treilles en Italie. On y retrouve les mêmes plantes. En haut, une glycine à fleurs blanches.

A second pergola stands opposite the first. Like Italian pergolas, it is made of treated pine and has the same plants as the other. Overhead is a white-flowered wisteria.

Die Weinlauben sind spiegelbildlich angeordnet. Sie bestehen aus behandeltem Kiefernholz wie die italienischen Weinlauben. Eine weißblühende Glyzine bildet eines Teil des Dachs.

Longo-mai

Longo-maï

Le champ d'oliviers.
The olive field.
Olivenbäume.

Tout est harmonieux dès l'arrivée. Les couleurs du jardin sont celles des montagnes du Lubéron: les gris, les verts et les bleus s'accordent avec le ciel et la végétation locale. Et un champ d'oliviers planté à flanc de colline, au pied du mas, fait penser à un assemblement de montgolfières flottant dans l'air. Le jardin fut en partie dessiné par la paysagiste Dominique Lafourcade et réalisé par Charly Imbert. Posé sur des «restanques» jadis plantées d'arbres fruitiers, il décrit une promenade que l'on apprécie surtout le soir, quand le soleil se couche dans la vallée. La première «restanque» est bleue, parcourue d'un sentier sinueux. Là, des arbustes et des arbrisseaux à feuillage vert et gris sont installés en liberté et taillés en masses informelles, aussi belles en été qu'en hiver. La seconde «restanque» est ornée d'une pergola, d'un bassin et d'un jardin d'herbes. La troisième est vouée aux arbres fruitiers et aux fleurs à bouquets. La promenade se poursuit dans l'oliveraie où les pieds des arbres s'enracinent dans un tapis fleuri: une prairie sauvage plantée de fleurs des champs.

From the moment one enters, harmony reigns. The colours of the garden are those of the Lubéron mountains: the greys, greens and blues are at one with the sky and the native flora. And an olive grove planted on the hillside at the foot of the "mas" is like a gathering of hot-air balloons floating in the air. The garden was designed in part by Dominique Lafourcade and built by Charly Imbert. Situated on "restanques" which were formerly planted with fruit trees, it forms a promenade which is especially delightful in the evening when the sun is setting in the valley. The first terrace is blue with a sinuous path running through it. There shrubs and bushes grow freely, pruned into informal shapes which are as handsome in summer as in winter. The second has an orna- mental pergola. There is also a pool and a herb garden. The third is for fruit trees and scented flowers. And then comes the olive grove where the trees are rooted into a carpet of flowers: a wild meadow planted with flowers of the fields.

Gleich beim Betreten des Gartens umfängt einen Harmonie. Die Farben sind die des Lubéron: Grau-, Grün- und Blautöne verbinden sich mit dem Himmel und der Vegetation der umliegenden Landschaft. Die Olivenbäume unterhalb des auf einem Hügel gelegenen Landhauses erinnern an Montgolfieren, die in der Luft schweben. Der Garten wurde teilweise von der Gartenarchitektin Dominique Lafourcade entworfen und von Charly Imbert auf »restanques« angelegt, die früher mit Obstbäumen bepflanzt waren. Besonders am Abend, wenn die Sonne im Tal untergeht, genießt man es, hier spazierenzugehen. Ein schmaler Pfad schlängelt sich durch die erste, in Blautönen gehaltene »restanque«, wo Sträucher und Büsche mit grünem und grauem Laub zwanglos angeordnet sind. Ihre Formen sind sowohl im Sommer wie auch im Winter reizvoll. Die zweite Terrasse schmücken ein Wasserbecken, ein Kräutergarten und eine Pergola. Auf der dritten Terrasse werden ausschließlich Obstbäume und Schnittblumen gezogen. Der Spaziergang führt dann zwischen Olivenbäumen hindurch, die auf einer mit Feldblumen bepflanzten Wildwiese wie auf einem Blumenteppich stehen.

La première «restanque» est
plantée d'arbustes taillés en
boule, au feuillage gris ou vert:
Perovskia, céanothes, romarins
(Rosmarinus officinalis), Caryopteris, lauriers (Laurus) ou cistes.
La seconde «restanque» est longée par une pergola où grimpent
des vignes. A ce niveau et plus
à droite, se trouve le jardin
d'herbes.

The first terrace is planted
with green or grey-leaved shrubs
pruned into spheres. Perovskia,
Californian lilac (Ceanothus), rosemary (Rosmarinus officinalis), blue-
beard (Caryopteris), sweet bay
(Laurus) and rock roses (Cistus). A
vine-covered pergola runs along
the second terrace. Also on this
level, further to the right, is the
herb garden.

Die erste »restanque« ist mit
kugelförmig beschnittenen
Sträuchern mit grauem oder
grünem Laub bepflanzt:
Perowskien (Perovskia), Säckel-
blumen (Ceanothus), Rosmarin
(Rosmarinus officinalis), Bart-
blumen (Caryopteris), Lorbeer
(Laurus) und Zistrosen (Cistus).
Die zweite Terrasse wird von
einer mit Wein berankten Pergola
begrenzt. Auf dieser Höhe weiter
rechts befindet sich der Kräutergarten.

Un escalier de pierre.
A stone flight of steps.
Eine Steintreppe.

Longo-maï 59

Ci-dessus: dans la cour du mas, un puits; au pied de l'escalier, des iris. En gravissant ces quelques marches, on domine le champ d'oliviers et les collines du Lubéron.
A gauche: Au sortir de ce porche on découvre le jardin.

Above: in the courtyard of the house, a well. At the foot of the steps, irises. From the top of the steps, one looks out over the olive grove and the hills of the Lubéron.
Left: The garden comes into view as one steps through this gateway.

Oben: Im Hof des »mas« befindet sich ein Brunnen. Am Fuß der Treppe wachsen Iris. Steigt man die wenigen Stufen hinauf, überblickt man den Olivenhain und die Hügel des Lubéron.
Links: Durch diesen Bogen betritt man den Garten.

Ci-dessus: Le jardin d'herbes se trouve sur la deuxième «restanque». Il est composé de carrés dont les angles sont arrondis par des buis taillés en boules. A l'intérieur prospèrent toutes les herbes utiles pour enrichir la cuisine: persil, estragon, sauge, ciboulette, menthe ou thym. Les allées à la fois belles et fonctionnelles sont constituées de briques posées en chevron.
A droite: une fenêtre ouverte sur le paysage provençal.

Above: The herb garden is on the second terrace. It is made up of squares whose corners are softened by box pruned into spheres. Within the squares are herbs used in the kitchen: parsley, tarragon, sage, chives, mint and thyme. The functional and decorative paths are paved with bricks in a herring bone pattern.
Left: A window opening onto the Provençal countryside.

Oben: Der Kräutergarten befindet sich auf der zweiten »restanque«. Er besteht aus Quadraten, deren Ecken mit kugelig geschnittenem Buchsbaum *(Buxus)* akzentuiert sind. Hier gedeihen alle Kräuter, die in der Küche gebraucht werden: Petersilie, Estragon, Salbei, Schnittlauch, Minze und Thymian. Die ebenso schönen wie zweckmäßigen Wege sind mit Backstein im Fischgrätmuster belegt.
Links: Das Fenster öffnet sich auf die Landschaft der Provence.

Nicole de Vésian

Nicole de Vésian

En toute chose, Nicole de Vésian avait un goût sûr. Elle avait su saisir les formes, la sobriété et les couleurs du paysage pour les faire entrer dans son jardin qui était un morceau de nature artistement planté et sculpté. Cet exercice de style dans la gamme des gris et des verts s'étageait en terrasses sur les dernières «restanques» du village de Bonnieux, qui tout en bas, effleurent encore la vallée. Dominé par les maisons provençales qui s'empilent sur le flanc de la colline, ce jardin regardait la garrigue et s'en inspirait. Nicole de Vésian aimait les pierres et leurs formes arrondies. Elle avait taillé ses sous-arbrisseaux pour confondre les formes végétales avec les formes minérales. Romarins, thyms, sauges, santolines étaient appréciés pour leur feuillage, et associés pour mettre en valeur leurs textures luisantes, duveteuses ou cotonneuses. Les fleurs n'avaient pas droit de cité. Exceptées quelques espèces préférées qui, çà et là, suggéraient discrètement le passage des saisons.

Nicole de Vésian had excellent taste in everything. She knew how to translate the sobriety and colours of the landscape into a garden, making it a piece of nature planted and sculpted by an artist. This exercise in style was conducted in tones of grey and green, descending through the terraces of the lowest "restanques" of the village of Bonnieux and merging into the valley at their base. Dominated by the Provençal houses jumbled together on the side of the hill, the garden looks out over the "garrigue", the Provençal shrubby vegetation, that inspired it. Nicole de Vésian liked stones for their rounded shapes. She shaped her low-growing shrubs so that mineral and plant forms melded one into another. Sage, rosemary, thyme, and cotton-lavender (Santolina) were favoured for their foliage and brought together to set off their shiny, downy or woolly textures. Flowers were not needed, though here and there exceptions were made for particular favourites, which discreetly marked the passing of the seasons.

Nicole de Vésian war eine Frau von sicherem Geschmack. Mit großer Sensibilität erfaßte sie Formen, Charakter und Farben der provenzalischen Landschaft und schuf ihren eigenen Garten als ein Teil künstlerisch geformter Natur. In einem eigenwilligen, nur von Grau- und Grüntönen beherrschten Stil gestaltete sie ihr Grundstück auf den letzten »restanques«, den Terrassen, die sich vom Dorf Bonnieux bis hinunter ins Tal ziehen. Von den provenzalischen Häusern beherrscht, die sich an dem Hügelhang auftürmen, öffnet sich der Garten auf die immergrüne Buschlandschaft der »garrigue« und läßt sich von ihr inspirieren. Nicole de Vésian liebte Steine und beschnitt ihre kleinen Sträucher in deren abgerundeten Formen, um Pflanzliches und Mineralisches miteinander verschmelzen zu lassen. Kräuter wie Rosmarin, Thymian, Salbei und Heiligenkraut (Santolina), die sie wegen ihres Laubs besonders liebte, kombinierte sie miteinander, um ihre schimmernden, flaumigen oder wolligen Oberflächen zur Geltung zu bringen. Blumen haben hier keine Daseinsberechtigung – mit wenigen Ausnahmen, die hier und da unauffällig den Wechsel der Jahreszeiten deutlich machen.

Des ornements de pierres anciennes jalonnent le jardin.
Ancient stone ornaments are found here and there throughout the garden.
Dekorative Steine schmücken den Garten.

Vue d'ensemble du jardin disposé
en «restanques» descendant vers
la vallée. A droite, les dernières
maisons du village.

Overall view of the garden laid
out on terraces descending into
the valley. To the right, the last
houses of the village.

Gesamtansicht der verschie-
denen Terrassen des Gartens, die
sich hinunter bis in das Tal
ziehen. Rechts sieht man die
letzten Häuser des Dorfs.

Des éléments de pierre anciens
servent de table ou de banc.

These fragments of classical
stonework serve as a table or
bench.

Als Tische und Bänke dienen
alte Steine.

Ci-dessus et à gauche: Une salle fraîche construite en pierre, un havre de repos où l'on se protégeait du soleil et de la chaleur.
Page de droite: un vieux portail encadré de cyprès.

Above and left: a cool stone-built store room, offering shelter from sun and heat.
Facing page: an old gateway framed by cypresses.

Oben und links: Der aus Stein erbaute Raum schützt vor Sonne und Hitze.
Rechte Seite: ein altes, von Zypressen gerahmtes Tor.

Les arbres offrent leur ramure et leur fraîcheur. Nicole de Vésian profitait de leur ombrage pour y installer quelques sièges et créer un salon orné de formes taillées.

The trees provide foliage and coolness. Nicole de Vésian made use of the shade, arranging seats to create an outdoor living room decorated with topiary forms.

Das Astwerk der Bäume spendet angenehme Kühle. In ihrem Schatten arrangierte Nicole de Vésian einen Sitzplatz und schuf mit raffiniert geschnittenen Formen ein dekoratives »Gartenzimmer«.

Nicole de Vésian 69

Parmi ces feuillages verts et gris, seules quelques fleurs étaient admises, comme ces valérianes roses ou blanches *(Centranthus)*.

Only a few flowers were admitted into this world of grey and green foliage, among them these pink and white valerians *(Centranthus)*.

Zwischen grünem und grauem Laub sind nur einige Blüten erwünscht, wie die von rosafarbenen oder weißen Spornblumen *(Centranthus)*.

Nicole de Vésian jouait avec les feuillages ronds, flous, lancéolés ou découpés ainsi qu'avec les ports grimpants érigés ou retombants.

Nicole de Vésian made playful use of round, long, spiky, softly diffuse and shaped foliage, either climbing, standard or trailing.

Nicole de Vésian spielte gern mit runden, weichen, lanzettförmigen oder gezähnten Blättern und mit aufrechten oder sich zu Boden neigenden Wuchsformen.

Nicole de Vésian 71

Val Joanis

Val Joanis

84120 Pertuis
Tel. 04 90 79 20 77

Ce potager-verger fleuri est le résultat d'une heureuse association entre une passionnée de plantes et de jardins, Cécile Chancel, un endroit voué à la culture des vignes et le climat du Lubéron, aride, glacial et torride. Et la réponse à une question: qu'aurait fait la châtelaine au XVIIᵉ siècle pour habiller ces pentes? Sans hésiter: des terrasses. Cécile Chancel s'est laissé guider par le paysagiste Tobie Loup de Viane, élève du fameux Russell Page, a fait dessiner une belle allée par le paysagiste Louis Benech, s'est documentée sur les plantes potagères, tinctoriales et aromatiques, a visité des jardins, commandé, planté, rassemblé des collections, herborisé, et a créé trois terrasses où règnent la gaieté et l'abondance. La première mélange fleurs et légumes. La seconde est plantée de rosiers. La troisième est vouée aux arbres d'ornement et aux arbres fruitiers. Les trois terrasses sont longées et reliées par une longue pergola drapée de lianes à fleurs.

This blossoming kitchen garden and orchard is the product of a happy coincidence: a woman passionately interested in plants, Cécile Chancel, came across a site given over to vineyards and the setting was the dry, icy, torrid climate of the Lubéron mountains. The garden is also the answer to the question: what would the lady of the manor in the 17th century have done to cover the slopes of the hill? No doubt about the answer: terrace it. Cécile Chancel was advised by the garden landscaper Tobie Loup de Viane, a pupil of the famous Russell Page, and had a fine avenue designed by the landscape architect Louis Benech; she has acquired a deep knowledge of edible, dye and aromatic plants, ordered and assembled collections, and created three terraces in which happiness and plenty reign. The first of these mixes flowers and vegetables. The second is planted with roses. The third is devoted to ornamental and fruit trees. A long pergola hung with flowering creepers runs through the terraces, linking them together.

Détail de la maison.
Detail of the house.
Detail des Hauses

Dieser blühende Küchen- und Obstgarten ist das Ergebnis einer glücklichen Verbindung: eine leidenschaftliche Pflanzenliebhaberin und Gärtnerin, ein dem Weinbau gewidmeter Ort und das trockene, im Winter eisige und im Sommer heiße Klima des Lubéron. Wie eine Schloßherrin im 17. Jahrhundert legte die heutige Besitzerin Cécile Chancel ihren Garten auf Terrassen an. Sie zog den Gartenarchitekten Tobie Loup de Viane zu Rate, einen Schüler des berühmten Russell Page, und ließ von dem Landschaftsarchitekten Louis Benech eine schöne Allee entwerfen. Sie beschäftigte sich mit Gemüse-, Färbe- und Gewürzpflanzen, besuchte Gärten, gab Pflanzensammlungen in Auftrag und ließ drei Terrassen anlegen, die Üppigkeit und Fröhlichkeit ausstrahlen. Auf der ersten Terrasse mischen sich Blumen und Gemüse, die zweite ist mit Rosen bepflanzt und die dritte ist für Zier- und Obstbäume reserviert. Verbunden werden die drei Terrassen durch eine mit blühenden Kletterpflanzen berankte Pergola.

Sur la première terrasse, quand
les allées ne sont pas parfumées
par les lavandes, elles sont bor-
dées d'iris et toujours soutenues
par un rythme d'ifs taillés en
cône. A droite, le rosier 'Madame
Isaac Pereire'.

On the first terrace, when the
walks are not full of the scent
of lavender, they are bordered by
irises and a row of cone-shaped
topiary yews. On the right, the
rose 'Madame Isaac Pereire'.

Wenn auf der ersten Terrasse
der Lavendel noch nicht seinen
Duft verströmt, erblühen am
Rand der Alleen bereits die
Schwertlilien. Die in rhythmi-
schen Abständen gesetzten
Eibenkegel geben ihnen Halt.
Rechts sieht man die Kletterrose
'Madame Isaac Pereire'.

Des ifs taillés en cône parmi les
lavandes.

Cone-shaped yews surrounded
by lavender.

Kegelförmig beschnittene
Eiben im Lavendelfeld.

Ci-dessus: Cécile Chancel a fait l'acquisition de cet ancien couloir à autruches où elle a fait grimper quantités de lianes à fleurs dont *Rosa banksiae* 'Lutea' et *Rosa filipes* 'Kiftsgate'.
A gauche: contre la maison, des micocouliers *(Celtis australis)*, des arbres de régions chaudes et tempérées.

Above: Cécile Chancel bought this former ostrich corridor on which she has grown flowering climbers like *Rosa banksiae* 'Lutea' and *Rosa filipes* 'Kiftsgate'.
Left: A group of nettle trees *(Celtis australis)* stands right next the house; they require a hot, temperate climate.

Oben: Cécile Chancel hat diese altertümliche Pergola erworben, die mit blühenden Kletterpflanzen wie den Rosen *Rosa banksiae* 'Lutea' und *Rosa filipes* 'Kiftsgate' bewachsen ist.
Links: Direkt am Haus stehen Zürgelbäume *(Celtis australis)* – ein Gehölz heißer wie gemäßigter Klimata.

Sur le vieux puits grimpe le rosier 'Madame Isaac Pereire'. Il est envahi de valérianes roses, *Centranthus ruber.* Derrière, un olivier *(Olea).*

   On the old well, we see the climbing rose 'Madame Isaac Pereire'. It is overrun with pink valerians *(Centranthus ruber).* Behind it stands an olive tree *(Olea).*

   Der alte Brunnen ist mit der Kletterrose 'Madame Isaac Pereire' überwuchert. Zu seinen Füßen und auf seinem Dach haben sich Spornblumen *(Centranthus ruber)* ausgebreitet. Im Hintergrund sieht man einen Olivenbaum *(Olea).*

Cécile Chancel mêle l'utile à l'agréable en plantant des choux d'ornement à côté des artichauts *(Cynara scolymus).*

Cécile Chancel combines utility with pleasure; these ornamental cabbages are planted next to the globe artichokes *(Cynara scolymus).*

Cécile Chancel verbindet das Nützliche mit dem Angenehmen und pflanzt Zierkohl neben Artischocken *(Cynara scolymus).*

Lillian Williams

Lillian Williams

Voici des jardins uniques avec leurs parterres d'eau, italianisants par leurs ornements, architecturés, très équilibrés, extrêmement poétiques. Ils sont en harmonie avec la demeure du XVIIᵉ siècle, qui est une ancienne maison de plaisance. Tous deux laissés «dans leur jus», selon l'expression même de Lillian Williams et de son époux Robert, grands collectionneurs et amateurs passionnés de folies. Comment s'y joue la poésie? Par une invitation aux divertissements. On a l'impression que ces jardins ont déjà connu des lectures de poèmes, des bals masqués ou des concerts en plein air. L'histoire voudrait que ce pavillon ait été jadis édifié par un archevêque d'Avignon. De source sûre, il fut récemment restauré par Hubert de Saint-Senoch, et le paysagiste belge René Pechere se serait penché sur les jardins. Trois façades de la maison ouvrent chacune sur une perspective. A gauche, un jardin italien déploie ses parterres d'eau autour d'un bassin. Au centre, un grand miroir d'eau domine un champ de lavandes. Il se prolonge d'un côté par un jardin clos ombré de tilleuls, et de l'autre par une allée de platanes. A droite, une façade ouvre sur un long tapis vert rafraîchissant.

These gardens, with their water parterres, their Italianate ornaments, their balanced and disciplined layout and their deeply poetic atmosphere, are truly unique. In this, they are in accord with the 17th century residence, which is a former country house. Both have been left "to simmer in their own juice", as Lillian Williams and her husband Robert put it. The Williams's are great collectors of grand country houses. It is as though these gardens have long known poetry readings, masked balls and open-air concerts. It is thought that the little country house was originally built by an Archbishop of Avignon. It was recently restored by Hubert de Saint-Senoch, while the Belgian landscape architect René Pechere attended to the gardens. Three sides of the house offer views of the gardens. To the left, in the Italian garden, the water parterres are spread around a pool. In the centre, a great mirror lake overlooks a field of lavender; it is extended on one side by a walled garden shaded by lime trees, and a plane-tree avenue on the other. To the right, a façade opens onto a refreshing stretch of lawn.

Diese Gärten sind einzigartig mit ihren Wasserparterres, Schmuckelementen im italienischen Stil und der ausgewogenen architektonischen Gestaltung. Sie verbinden sich harmonisch mit dem Gebäude aus dem 17. Jahrhundert, einem alten Lusthaus. Haus und Gärten sind in ihrem ursprünglichen Zustand belassen, »haben noch ihr altes Gesicht«, wie es Lillian Williams und ihr Mann Robert ausdrücken. Sie sind leidenschaftliche Sammler von »folies« und lieben ihr Anwesen sehr. Es scheint hier schon immer Dichterlesungen, Maskenbälle und Konzerte unter freiem Himmel gegeben zu haben. Das Haus soll einst von einem Erzbischof von Avignon erbaut worden sein und wurde kürzlich von Hubert de Saint-Senoch restauriert, während sich der belgische Gartengestalter René Pechere der Gärten angenommen hat. Die drei Gärten sind jeweils auf eine Hausfassade ausgerichtet. Links stellt ein italienischer Garten seine um ein Becken angelegten Wasserparterres zur Schau. In der Mitte dominiert ein großer Wasserspiegel ein Lavendelfeld; auf der einen Seite schließt sich ein von Linden beschatteter Garten an, auf der anderen Seite eine Platanenallee.

Une jardinière du XIXᵉ siècle.
A 19th century jardinière.
Ein Blumenständer aus dem
19. Jahrhundert.

Ci-dessus: Le grand bassin occupe presque toute la terrasse principale dont les balustrades surplombent le champ de lavandes et les vergers.
A droite: Le jardinier Roger Maurel travaille dans ces jardins, auxquels il est très attaché, depuis plus de vingt ans.

Above: The lake occupies almost all of the main terrace, whose balustrades overhang the lavender field and orchards.
Right: The gardener Roger Maurel has been working in this garden for more than twenty years and is very attached to it.

Oben: Das große Wasserbecken nimmt fast die ganze Hauptterrasse ein, unter deren Balustraden ein Lavendelfeld und Obstgärten liegen.
Rechts: Der Gärtner Roger Maurel arbeitet seit mehr als zwanzig Jahren in den Gärten, die ihm ans Herz gewachsen sind.

Ci-dessus, à gauche: Cette pièce à ciel ouvert est ombrée d'immenses tilleuls. On l'appelle «le parc des cygnes» car deux cygnes y vivent protégés par les murs et profitent de l'eau du bassin octogonal central.
Ci-dessus, à droite: Dans le pavillon situé au bout de l'allée de platanes, on joue parfois des pièces de théâtre.

Above left: This open-air room is shaded by huge lime trees. It is called "swan park" after the two swans that live there, protected by the walls and benefitting from the water of the octagonal central pool.
Above right: Plays are sometimes put on in the pavilion at the end of the plane-tree avenue.

Oben links: Dieser Gartenraum unter freiem Himmel wird von riesigen Linden beschattet. Man nennt ihn den »Schwanenpark«, denn zwei dieser majestätischen Vögel leben hier in einem Wasserbecken.
Oben rechts: In diesem am Ende der Platanenallee gelegenen Pavillon werden manchmal Theaterstücke aufgeführt.

Page de droite: L'allée de platanes part du grand bassin et rejoint un pavillon. Elle est contre-plantée d'une haie de buis où s'intercalent des colonnes prêtes à accueillir des bustes.

Facing page: The plane-tree avenue starts at the lake and leads to a pavilion. Under the plane trees runs a box hedge interspersed with columns intended to hold busts.

Rechte Seite: Die Platanenallee beginnt am großen Wasserbecken und endet an einem Pavillon. Sie ist mit einer Buchsbaumhecke unterpflanzt. Zwischen den Bäumen befinden sich Sockel für Statuen.

La Gaude

La Gaude

Route des Pinchinats
13100 Aix-en-Provence
Tel. 04 42 21 64 19

Ce jardin est un modèle d'équilibre et de pureté. Rattaché à une demeure d'influence palladienne, il est resté fidèle à la tradition des jardins de bastide tels qu'ils furent conçus à Aix-en-Provence au XVIIIᵉ siècle. L'élément dominant de la composition est le jardin de propreté. Son créateur se serait inspiré du labyrinthe de la villa Pisani à Stra près de Padoue pour dessiner le motif de buis central, lui-même entouré d'un bassin et prolongé de chaque côté par des motifs de lauriers-tins taillés. Voici pour la première terrasse. Les jardins descendent ensuite sur deux autres niveaux imaginés à partir de 1960 par la baronne de Vitrolles, et sont ordonnés sur un bassin circulaire situé dans l'axe du parterre de buis initial. Un système hydraulique très savant récolte l'eau des environs pour en faire une réserve dans les communs et la distribuer dans les vignes et les jardins. Enfin, une « tèse », ou allée fraîche, traverse d'anciennes vignes. Le vignoble est aujourd'hui en pleine exploitation et fournit les crus du Château de La Gaude, d'excellente réputation.

This garden is a model of poise and purity. Though the house is Palladian, the garden has remained true to the tradition of "bastide" gardens, which originated in Aix-en-Provence in the 18th century. The dominant element in the composition is the "jardin de propreté" (formal garden). Its creator is said to have been inspired by the labyrinth of Villa Pisani at Stra near Padova, when designing the central box motif, which is surrounded by a canal and extended on either side by motifs in topiary sweet bay *(Laurus nobilis).* That is the first terrace. The gardens then descend to two other levels created in the Sixties by the Baroness de Vitrolles; they centre around a circular pool laid aligned with the box parterre of the first terrace. An intricate hydraulic system collects water from the surrounding area and sends it to a reservoir in the outhouses. Finally, a "tèse", or cool alley, passes through old vines. Today the vineyard is in full production and the vintages of the Château de La Gaude enjoy an excellent reputation.

Dieser Garten ist ein Modell der Ausgewogenheit und Reinheit. Er ist in der Tradition der »Bastide-Gärten« gestaltet, wie sie in Aix-en-Provence im 18. Jahrhundert beliebt waren. Das bestimmende Element der Anlage ist der »jardin de propreté«, der Garten der Reinheit, mit seinen kunstvoll gepflanzten Ornamenten. Es heißt, sein Schöpfer habe sich für das im Zentrum gelegene Buchsmotiv von dem Labyrinth der Gärten der Villa Pisani in Stra bei Padua inspirieren lassen. Ein Wasserbecken faßt das Motiv ein, dessen Formen an den Seiten von beschnittenem Lorbeer *(Laurus nobilis)* aufgenommen werden. Die Gärten erstrecken sich über zwei weitere absteigende Terrassen, welche die Baronin de Vitrolles in den sechziger Jahren entworfen hat. Sie werden von einem runden Wasserbecken beherrscht, das genau in der Achse des Buchsparterres auf der obersten Terrasse liegt. Ein raffiniertes hydraulisches System sammelt das Wasser der Umgebung und speichert es in dem Wirtschaftsgebäude, um Weinstöcke und Gärten zu bewässern. Eine »tèse«, eine kühle Allee, führt durch alte Weinkulturen, die heute intensiv bewirtschaftet werden und in denen so ausgezeichnete Sorten wie der »Château de La Gaude« gezogen werden.

Un motif de buis.
A box motif.
Buchsmotiv.

Ci-dessus: vue sur la bastide, construite au XVIIIᵉ siècle, d'influence palladienne. Au premier plan, le jardin de propreté composé d'un motif de buis flanqué de part et d'autre des jardins de lauriers *(Laurus nobilis).*
A droite: Le dauphin, dans l'axe principal, est alimenté par un système hydraulique sophistiqué.

Above: the back view of the house. It was built in the 18th century, with a strong Palladian influence. In the foreground, the formal garden which has a box motif flanked on both sides by sweet bay gardens *(Laurus nobilis).*
Right: The dolphin fountain on the main pathway is fed by a sophisticated hydraulic system.

Oben: Blick auf die »bastide« im palladianischen Stil aus dem 18. Jahrhundert. Im Vordergrund sieht man den »jardin de propreté«. Das zentrale Ornament aus Buchsbaum wird von beschnittenem Lorbeer *(Laurus nobilis)* flankiert.
Rechts: Der in der Hauptachse plazierte wasserspeiende Delphin wird von einem raffinierten hydraulischen System gespeist.

Albertas

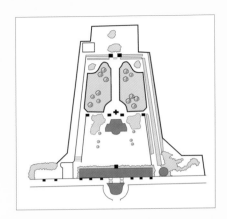

Albertas

13320 Bouc-Bel-Air
Tel. 04 42 22 29 77 ou 42 24 01 35

L'une des quatre statues
monumentales, Hercule.
    Hercules, one of four monu-
mental statues.
    Herkules, eine der vier
Monumentalstatuen.

Fait exceptionnel, ces jardins sont restés fidèles à la magnifique aquarelle datant de 1751, figurant leur plan, signée T.C., architecte-paysagiste de l'école d'André Le Nôtre. Même s'ils ont connu des périodes de restauration et d'abandon, ils ont conservé leur tracé, et aujourd'hui, Olivier, Bruno, Daniel Latil d'Albertas et leurs épouses se sont donné pour mission et passion de les faire revivre comme par le passé. Ils sont composés autour d'un grand axe qui ordonne leur géométrie et leur symétrie. Celui-ci part de la bastide du XVIIᵉ siècle, longe une grande allée de marronniers, traverse la nappe d'eau en forme de lyre, une allée de platanes majestueux, le grand canal, un tapis vert, le bassin de dix-sept jets animés de tritons, des parterres qui jadis étaient ornés de broderies, et franchit de bas en haut quatre terrasses s'envolant vers un château imaginaire. Inspirés à la fois des styles français et italien, ces jardins offrent leur équilibre et leurs jeux d'eau, grâce à un système hydraulique très élaboré, alimenté essentiellement par les sources de la colline.

Extraordinary as it may seem, these gardens have remained faithful to the plan set out in a magnificent watercolour dating from 1751. It bears the signature "T.C." that of an architect and landscape gardener of the school of André Le Nôtre. Though they have experienced periods of neglect and restoration, the layout of the gardens has remained the same, and today, Olivier, Bruno and Daniel Latil d'Albertas, and their wives have made it their mission, indeed their passion, to make the gardens as beautiful as ever. They are arranged around a central axis which determines their geometry and symmetry. The pathway starts at the 17th century "bastide", then runs along a great avenue of Spanish chestnut trees. It crosses the lyre-shaped lake, the majestic plane-tree avenue, the Grand Canal, a lawn, and the Pool of the Seventeen Triton Fountains. Then it crosses parterres formerly decorated with flowers before rising up the four terraces intended to culminate in a castle that was never constructed. Conceived in both French and Italian styles, the gardens have admirable balance. Thanks to a very elaborate hydraulic system, the fountains are almost entirely fed by springs in the hillside.

Erstaunlicherweise gleichen diese Gärten noch heute dem wunderschönen Aquarell von 1751, das ein Schüler von André Le Nôtre als Plan anfertigte und mit den Initialen T.C. signierte. Obwohl die Gärten über die Jahrhunderte immer wieder verwilderten und restauriert wurden, haben sie ihren Grundriß behalten. Heute haben es sich Olivier, Bruno und Daniel Latil d'Albertas mit ihren Frauen zur Aufgabe gemacht, die Gärten in ihrer alten Gestalt zu neuem Leben zu erwecken. Sie sind symmetrisch um eine große Achse angeordnet, die an der »bastide« beginnt, einem provenzalischen Gutshaus des 17. Jahrhunderts, sich an einer großen Kastanienallee entlangzieht und ein großes Wasserbecken in Form einer Leier durchschneidet. Anschließend führt sie durch eine Platanenallee, den »Grand Canal«, einen grünen Teppich, das »Bassin der siebzehn Fontänen«, Parterres, die früher mit »broderies«, stickereiähnlichen Pflanzmustern, geschmückt waren, und durchquert von unten nach oben vier Terrassen. Die vom französischen wie vom italienischen Stil beeinflußten Gärten beeindrucken mit zahlreichen Wasserspielen, die im wesentlichen von den Quellen des Hügels gespeist werden.

Le bassin des dix-sept jets, comme il est nommé sur le plan de 1751, dont il reste huit tritons soufflant de l'eau et les quatre statues monumentales. Devant eux, le tapis vert. Au fond, le pavillon, et à droite, la serre.

The Pool of the Seventeen Fountains is so named in the 1751 plan. Eight triton fountains remain, along with four monumental statues. In front of them is the lawn. In the background, the pavilion and to the right, the hothouse.

Von dem »Bassin der siebzehn Fontänen«, wie es auf dem Plan von 1751 bezeichnet ist, sind heute noch acht Wasser speiende Tritonen und vier Monumentalstatuen vorhanden. Im Hintergrund erheben sich der Pavillon und rechts das Gewächshaus.

Ci-dessus: De ce banc de pierre, on peut admirer les quatre statues monumentales, tout à fait exceptionnelles dans un jardin provençal, et à l'échelle de celui-ci. La haie de lauriers est en cours de replantation.

A droite: Cette statue, probablement un Hercule sans tête, se tient dans le sous-bois, sur la première terrasse, dans l'axe de la grande perspective.

Above: Sitting on this stone bench, one has a perfect view of the four monumental statues, which are quite exceptional in a Provençal garden, especially one on this scale. The bay hedge is being replanted.

Right: This statue, probably a headless Hercules, stands in the undergrowth of the first terrace, in line with the main vista.

Oben: Von dieser Steinbank aus kann man die vier Monumental-statuen des »Bassin der siebzehn Fontänen« bewundern. Sie sind ungewöhnlich für einen provenzalischen Garten. Die Lorbeer-hecke wird zur Zeit erneuert.

Rechts: Diese Statue, wahrscheinlich ein Herkules, steht an der Hauptsichtachse zwischen den Büschen auf der ersten Terrasse.

Le grand canal, et en son milieu à gauche, dans l'axe principal, la statue de Neptune, œuvre du sculpteur aixois Jean Pancrace Chastel (1726–1793). L'allée de platanes datant de 1830 et qui furent plantés en remplacement des ormeaux d'origine.

The Grand Canal and, to the left, halfway down, a statue of Neptune. It is the work of a sculptor from Aix-en-Provence, Jean Pancrace Chastel (1726–1793). The plane-tree avenue dates from 1830, when the planes replaced the elms which originally stood there.

Der »Grand Canal« und am linken Rand die Statue des Neptun, ein Werk des Bildhauers Jean Pancrace Chastel (1726–1793) aus Aix-en-Provence; die Platanen wurden im Jahr 1830 gepflanzt und ersetzen eine ehemalige Ulmenallee.

La Villa Noailles

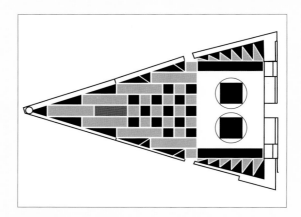

La Villa Noailles

Montée de Noailles
83400 Hyères
Tel. 05 94 35 90 00

Détail du jardin cubiste.
A detail of the cubist garden.
Detail des kubistischen Gartens.

Dans les années vingt, Charles de Noailles et son épouse Marie-Laure, fervents mécènes des artistes avant-gardistes de l'époque, s'attachèrent le talent de l'architecte Robert Mallet-Stevens (1886–1945) pour construire leur villa. Celle-ci évoquait un paquebot dont le vicomte était le commandant. Le jardin fut confié en 1926 à l'artiste arménien Gabriel Guévrékian. Il inscrivit sa composition cubiste dans un triangle, en jouant avec les formes géométriques et les niveaux. Au centre, les carrés et les rectangles sont recouverts de pâte de verre et forment un damier rouge, bleu, violet, noir, jaune ou gris. Sur les côtés, les formes s'étagent et rappellent la disposition en «restanques» du paysage. Un bassin se rapproche de la pointe du jardin où trônait autrefois une statue tournante du sculpteur lituanien Jacques Lipchitz. Le vicomte de Noailles créa son premier jardin méditerranéen autour de la demeure. Avec le talent qu'on lui connaît, il le planta avec maestria. Aujourd'hui le château cubiste, ainsi que le parc, appartiennent à la Ville d'Hyères. Pierre Quillier, responsable des jardins, les restaure et les enrichit dans le même esprit.

In the Twenties, Charles de Noailles and his wife Marie-Laure, enthusiastic patrons of the avant-garde artists of the time, persuaded the talented French architect, Robert Mallet-Stevens (1886–1945), to design their villa. It resembled a steamship with the Vicomte as its commander. In 1926, the garden was entrusted to the Armenian artist Gabriel Guévrékian. He laid out his cubist design in a triangle, making use of geometrical forms and changes of level. In the centre, the squares and rectangles are covered in molten glass and form a chequered arrangement of red, blue, violet, black, yellow and grey. At the sides, the geometrical forms rise by stages reminiscent of the "restanques" of the landscape. A pool at the tip of the garden was once the site of a revolving statue by the Lithuanian sculptor Jacques Lipchitz. The Vicomte de Noailles created his first Mediterranean garden around the house. Today the cubist chateau belongs to the town of Hyères, as does the park. It is now the responsibility of Pierre Quillier, who is restoring and enriching it in the spirit of the Vicomte.

In den zwanziger Jahren beauftragten Charles de Noailles und seine Frau Marie-Laure, leidenschaftliche Mäzene der damaligen Avantgarde-Künstler, den französischen Architekten Robert Mallet-Stevens (1886–1945) mit dem Bau ihrer Villa in Hyères. Er gestaltete sie wie einen Passagierdampfer, dessen Kapitän der Vicomte war. Die Gestaltung des Gartens wurde 1926 dem armenischen Künstler Gabriel Guévrékian anvertraut. Er schuf einen dreieckigen kubistischen Garten, der auf mehreren Ebenen mit geometrischen Formen spielt. In der Mitte bilden Quadrate und Rechtecke, die mit roten, blauen, violetten, schwarzen, gelben oder grauen Keramikplatten belegt sind, ein Schachbrettmuster. An den Seiten steigen die Formen in Stufen an und erinnern an die »restanques« der Gegend. Ein Wasserbecken erstreckt sich bis zur Spitze des Gartens, an der früher eine drehbare Skulptur des litauischen Bildhauers Jacques Lipchitz stand. Rings um das Anwesen legte der Vicomte de Noailles seinen ersten mediterranen Garten an, den er mit Meisterhand gestaltete. Heute gehören Villa und Park der Stadt Hyères und werden von Pierre Quillier gepflegt, der sie im Sinne des Vicomte verschönert.

Ci-dessus: vue générale du jardin cubiste créé par Gabriel Guévrékian en 1926. Très géométrique dans sa conception, il épouse la forme d'un triangle, évoquant la proue d'un navire. Tout autour, on aperçoit le parc Saint-Bernard. Il descend en «restanques» vers la ville et fut planté par le vicomte de Noailles.

A droite: La cour devant le château est cernée d'un mur troué de fenêtres ouvrant sur la ville d'Hyères.

Above: Overall view of the cubist garden created by Gabriel Guévrékian in 1926. Its highly geometrical design forms a triangle like the bow of a ship. All around it can be seen the Parc Saint-Bernard, which slopes down toward the town in terraces. It was planted out by the Vicomte de Noailles.

Right: The wall of the courtyard in front of the chateau has windows looking out over the town of Hyères.

Oben: Gesamtansicht des 1926 von Gabriel Guévrékian geschaffenen kubistischen Gartens. Er ist völlig geometrisch konzipiert, wobei die dreieckige Form an den Bug eines Schiffes erinnert. Ringsherum liegt der Park Saint-Bernard. Er führt in Terrassen zur Stadt hinunter und wurde von dem Vicomte de Noailles bepflanzt.

Rechts: Eine Mauer mit Fensteröffnungen, die den Blick auf die Stadt Hyères freigeben, faßt den Hof vor dem Schloß ein.

Le Domaine du Rayol

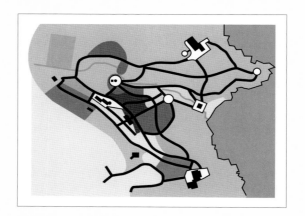

Le Domaine du Rayol

**Avenue des Belges
83820 Le Rayol Canadel
Tel. 04 94 05 32 50**

Ce domaine a un passé et une histoire. Pourtant son jardin actuel est récent. C'est l'œuvre du paysagiste Gilles Clément. Il s'agit d'un jardin austral où l'on se promène en faisant le tour des flores prospérant sous les différents climats méditerranéens de notre planète. La période fastueuse du domaine est contemporaine de l'âge d'or de la Riviera. En 1909, l'homme d'affaires Alfred-Théodore Courmes fait l'acquisition d'une vingtaine d'hectares au Rayol-Canadel, y établit sa demeure et l'entoure d'un jardin avec terrasses, escaliers, allées et pergolas. En 1940, la propriété passe aux mains du constructeur aéronautique Henri Potez qui emploie une demi-douzaine de jardiniers pour embellir le site. En 1989, le Conservatoire du Littoral en fait l'acquisition et fait appel à Gilles Clément. La découverte de cette flore extraordinaire nous promène du Chili à la Californie, du Mexique à l'Australie, de l'Afrique Australe à l'Asie. La disposition des scènes est ordonnée par une majestueuse allée bordée de cyprès sombres. Ceux-ci font ressortir la gaieté d'une multitude de plantes splendides et colorées.

This property has a most interesting history; but today's garden is a recent one. It is the work of the landscape gardener Gilles Clément, who has created a southern garden, where a stroll takes one on a tour of the many plants that thrive in all the different Mediterranean climates. The great era of the estate was contemporary with the golden age of the Riviera. In 1909, the businessman Alfred-Theodore Courmes acquired some twenty hectares at Rayol-Canadel, established his residence there and surrounded it with a garden of terraces, steps, promenades and pergolas. In 1940, the property changed hands and the new owner, aircraft manufacturer Henri Potez, employed twelve gardeners to improve the garden. In 1989, the Conservatoire du Littoral bought it and called in Gilles Clément. Discovering this extraordinary flora takes us from Chile to California, Mexico to Australia, and Southern Africa to Asia. The layout of the garden is arranged around a majestic pathway bordered by dark cypresses. These set off the brightness of a multitude of splendid and colourful plants.

Dieses Anwesen hat eine wechselvolle Geschichte. Seine große Zeit fällt zusammen mit dem goldenen Zeitalter der Riviera. Im Jahr 1909 erwarb der Geschäftsmann Alfred-Théodore Courmes zwanzig Hektar Land in Rayol-Canadel, ließ sich hier seinen Wohnsitz errichten und einen Garten mit Terrassen, Treppen, Alleen und Pergolen gestalten. 1940 ging der Besitz in die Hände des Flugzeugkonstrukteurs Henri Potez über, der zwölf Gärtner zur Verschönerung der Anlage beschäftigte. Das Conservatoire du Littoral übernahm das Anwesen 1989 und engagierte den Landschaftsarchitekten Gilles Clément für die Neugestaltung des Gartens. Die Entdeckungsreise durch die außergewöhnliche Flora des südländischen Gartens führt uns von Chile nach Kalifornien, von Mexiko nach Australien, von Südafrika nach Asien. Eine prachtvolle Zypressenallee bringt eine Vielzahl von herrlichen und farbintensiven Pflanzen zur Geltung.

Vue sur la Pointe du Trésor.
View of the Pointe du Trésor peninsula.
Blick auf die Halbinsel Pointe du Trésor.

Au-dessus de la ferme, le jardin
mexicain avec ses yuccas *(Yucca
rostrata),* ses agaves et ses cactus
candélabres *(Pachycereus pringlei).*
    Above the farmhouse lies the
Mexican garden with its yuccas,
agaves and candlestick cactuses
(Pachycereus pringlei).
    Oberhalb des Hofs befindet
sich der mexikanische Garten
mit Palmlilien *(Yucca rostrata),*
Agaven und Säulenkakteen
(Pachycereus pringlei).

Un bouquet de palmiers
Washingtonia californica.
    A clump of palm trees
(Washingtonia californica).
    Palmen der Art *Washing-
tonia californica.*

Ci-dessus: la prairie néo-zélandaise composée de *Carex* et de graminées s'accommodant bien de la sécheresse. A gauche, *Solanum laciniatum* et cordylines.
A droite: au fond du vallon, le vieux puits du domaine, puis une pergola drapée de glycines et de figuiers chinois, et à l'arrière, une fabrique abritant une pompe qui servait autrefois à remonter l'eau à la ferme.

Above: the New Zealand grassland composed of *Carex* and grasses which adapt well to the dry conditions. Left, Kangaroo apple *(Solanum laciniatum)* and cabbage palm *(Cordyline)*.
Right: in the depths of the valley, the old well of the estate next to a pergola clothed in wisterias and chinese fig; then a folly disguising the site of a pump, formerly used to raise water up to the farm.

Oben: Die neuseeländische Prärie besteht aus Seggen *(Carex)* und Gräsern, die sich der Trockenheit anpassen. Links sieht man Nachtschatten *(Solanum laciniatum)* und Keulenlilien *(Cordyline)*.
Rechts: Am Ende des kleinen Tales befindet sich der alte Brunnen des Anwesens. Seine Pergola ist mit Glyzinen und chinesischen Feigen bewachsen. Das Gebäude dahinter beherbergt eine Pumpe, die früher den Hof mit Wasser versorgte.

Le grand escalier bordé de cyprès partant de la pergola constitue le grand axe du jardin. De part et d'autre, un bois de chênes-verts *(Quercus ilex)*.

The main pathway of the garden: the great steps flanked with cypresses, which start at the pergola and are surrounded by a wood of holm oaks *(Quercus ilex)*.

Die große, von Zypressen gesäumte Treppe, die an der Pergola beginnt, bildet die Hauptachse des Gartens. Auf beiden Seiten befindet sich ein Wald aus immergrünen Steineichen *(Quercus ilex)*.

Dans le sens des aiguilles d'une montre, du haut à gauche: un *Callistemon* ou «rince-bouteille» originaire d'Australie; un pavot somnifere *(Papaver somniferum)* de la Côte d'Azur; un *Chorisia* d'Argentine; une agave de Costa Rica.

Clockwise from top left: a bottlebrush *(Callistemon)* of Australian origin; an opium poppy *(Papaver somniferum)* which is native to the Côte d'Azur; a floss silk tree *(Chorisia)* from Argentinia; a Costa Rican agave.

Im Uhrzeigersinn von oben links: ein Zylinderputzerstrauch *(Callistemon)*; Schlafmohn *(Papaver somniferum)* ist an der Côte d'Azur heimisch; ein Wollbaum *(Chorisia)* aus Argentinien; eine Agave aus Costa-Rica.

Une scène des îles Canaries, avec des *Echium fastuosum* au premier plan et un dragonnier (*Dracaena*).

A scene from the Canary Islands: in the foreground, Pride of Madeira (*Echium fastuosum*) and a dragon tree (*Dracaena*).

Eine Szene von den Kanarischen Inseln: Im Vordergrund sieht man Natternkopf (*Echium fastuosum*) und einen Drachenbaum (*Dracaena*).

Fontviel

Fontviel

Théâtral, italien, toujours vert, respectueux des rythmes du paysage, jouant avec l'eau et avec les niveaux, ainsi pourrait-on définir ce jardin. Théâtral surtout, car ses terrasses sont magistralement construites, plantées et encadrées. Comme si Jacques Couëlle, l'architecte qui l'a composé dans la première moitié de ce siècle, s'était d'abord attaché à donner un cadre au magnifique tableau offert par les collines de l'arrière-pays cannois. Celui-ci se fond à l'horizon et contraste en tous points avec le jardin domestiqué, maîtrisé, enjolivé. Il prolonge l'architecture de la bastide et descend devant elle, d'abord à l'ombre des tilleuls, puis au grand jour. Escaliers, grilles, balustrades, fontaines, bassins, ruines gothiques ou sculptures Renaissance sont ses ornements. Buis taillés en boules ou en cônes, cyprès longilignes, collections d'agrumes, *Ficus pumila* tapissant les marches, *Erigeron karvinskianus* se ressemant partout, capillaires *(Adiantum)* et nymphéas composent ses végétaux. Car à Fontviel l'eau est présente à chaque niveau. Une eau de source fraîche et limpide. Un cadeau des dieux.

Theatrical, Italianate, evergreen, mindful of the rhythms of the landscape, using water and changes of level; these attributes might be said to define Fontviel. Theatrical first and foremost, because its terraces are brilliantly constructed, planted and sited. It is as though the architect Jacques Couëlle had sought above all to frame the magnificent picture made by the hills of the Cannois hinterland, which sweep away to the horizon. They contrast in every respect with the tamed, subdued, ornate nature of the garden, which is an extension of the architecture of the "bastide", the Provençal farmhouse. The garden slopes away from it, first under the shade of the lime trees, then in sunlight. Flights of steps, gates, balustrades, fountains, ports, Gothic ruins and Renaissance sculptures decorate it. Topiary box forming spheres or cones, tall slender cypresses, collections of citruses, creeping fig *(Ficus pumila)* carpeting the steps, *Erigeron karvinskianus* seeding itself everywhere, maidenhair ferns *(Adiantum)* and water lilies together form the plant life of this garden. For at Fontviel there is water at every level. It is cool, clear spring water: a gift from the gods.

Theatralisch, italienisch, mit Wasser und unterschiedlichen Ebenen spielend – so könnte man diesen Garten charakterisieren, aber auch: immergrün und den Rhythmen der Landschaft angepaßt. Die meisterhaft angelegten, bepflanzten und eingefaßten Terrassen wirken, als ob der Architekt Jacques Couëlle eine Bühne für das großartige Bild schaffen wollte, das die Hügel des Hinterlandes von Cannes bieten. Die Landschaft kontrastiert mit dem gebändigten und verfeinerten Garten aus der ersten Hälfte unseres Jahrhunderts. Er erstreckt sich – zunächst im Schatten von Linden, dann unter freiem Himmel – auf dem abfallenden Gelände vor der »bastide« und setzt deren Architektur fort. Seine Schmuckelemente sind Treppen, Gitter, Balustraden, Springbrunnen, Wasserbecken, gotische Ruinen und Renaissanceskulpturen. Seine Pflanzen sind kugel- und kegelförmig geschnittener Buchsbaum, hoch aufragende Zypressen, verschiedene Arten von Zitrusfrüchten, Kletterfeigen *(Ficus pumila)*, Berufkraut *(Erigeron karvinskianus)*, Frauenhaarfarn *(Adiantum)* und Seerosen. Denn in Fontviel findet man auf jeder Terrasse frisches, klares Quellwasser – ein Geschenk der Götter!

Un coin repos dans l'ombre.
A haven of tranquillity.
Refugium im Grün.

Ce jardin est situé au même niveau que la bastide. Il en prolonge l'architecture.

This garden is on the same level as the house and forms an extension of its architecture.

Dieser Garten liegt auf der gleichen Ebene wie die »bastide« und setzt deren Architektur fort.

Ci-dessus: Le bassin est situé en contrebas dans le jardin, toujours alimenté par de l'eau de source.
A droite: la fenêtre gothique de la première terrasse.

Above: The pool is situated at the foot of the garden and is constantly fed by spring water.
Right: the Gothic window of the first terrace.

Oben: Das Becken unten im Garten wird stets mit Quellwasser gespeist.
Rechts: Die gotischen Maßwerkfenster befinden sich auf der ersten Terrasse.

Ce dauphin, baigné par des capillaires *(Adiantum)*, déverse de l'eau
dans un bassin.

From this dolphin fountain,
water pours past the fronds of
maidenhair ferns *(Adiantum)* into
a basin.

Aus dem Delphinmaul rieselt
Wasser über Frauenhaarfarn
(Adiantum) in ein Becken.

Gourdon

Gourdon

06620 **Gourdon**
Tel. 04 93 09 68 02

Ici, rien ne pousse. Le soleil brûle et grille tout. Là où elle peut, la garrigue s'installe avec ses parfums. Tout est dur et noueux comme un tronc d'olivier, rocailleux et chantant comme l'accent des habitants. La route monte en lacets et Gourdon surgit, jadis forteresse imprenable. Le village est perché sur un nid d'aigle et domine un à-pic et la vallée du Loup. Il faut franchir le porche pour découvrir un miracle vert qui mélange la pureté des jardins à la française à la fantaisie des jardins à l'italienne. Les terrasses présentent les jardins sur plusieurs niveaux. Le premier, dû à l'architecte et dessinateur de jardins André Le Nôtre (1613–1700), est régulier avec des buis qui dessinent des motifs en fer à cheval. Le second fut dessiné par Tobie Loup de Viane. C'est le jardin de l'apothicaire, d'inspiration médiévale: il est planté d'herbes médicinales et aromatiques disposées autour d'un cadran solaire. Un peu plus bas, le troisième abrite des buis taillés en poires ou en champignons.

Here, nothing can flourish. The burning sun withers everything. Wherever it can, the shrubby vegetation of the "garrigue" establishes its own special scents. Everything is hard and knotty as the trunk of an olive tree, as rough and lilting as the local accent. The road winds up in hairpin bends and suddenly Gourdon, once an impregnable fortress, rises before one. The village is perched on an eyrie, overlooking the valley of the Loup river. Through the gateway, a miracle of green awaits one; a mixture of the purity of French-style gardens and the fantasy of the Italian designs. The terraces spread the gardens out over many levels. The first garden is regular, with box hedges outlining horseshoe motifs, and was made by the garden designer André Le Nôtre (1613–1700). The second was designed by Tobie Loup de Viane. It is the apothecary garden, of medieval inspiration, planted with medicinal and culinary herbs amid box hedges around the sundial. A little lower down, the third garden has topiary box in pear and mushroom shapes.

Hier wächst nichts, allein die immergrüne »garrigue« mit ihrem duftenden Buschwerk vermag sich hier zu halten. Alles ist hart und knorrig wie der Stamm eines Olivenbaums, holprig und gleichzeitig poetisch wie die Sprechweise der Einwohner. Die Straße steigt in Kehren hinauf nach Gourdon, das wie ein Adlernest auf einem senkrecht abfallenden Bergsturz über dem Tal des Flusses Loup thront. Doch hier verbergen sich grüne, auf Terrassen angelegte Gärten, die die Strenge der französischen Gestaltung mit der Fantasie der italienischen verbinden. Der erste ist mit Buchsbaum in regelmäßigen Hufeisenmustern bepflanzt und wurde von dem Gartenarchitekten André Le Nôtre (1613–1700) entworfen. Den zweiten Garten gestaltete Tobie Loup de Viane im Stil eines mittelalterlichen Apothekergartens. In Mäander geschnittener Buchsbaum faßt eine Sonnenuhr zwischen Heil- und Gewürzkräuterbeeten ein. Im dritten Garten weiter unten ist Buchsbaum in Birnen- und Pilzform beschnitten.

Ci-dessus: Les jardins de Gourdon sont étagés en terrasses. Celles-ci sont soutenues par des voûtes et des arcades qui les suspendent au-dessus de l'abîme, et qui furent édifiées par Louis de Lombard au XVIIᵉ siècle. C'est un admirable ouvrage. Ici, le jardin italien, construit au bord du précipice, met en scène des buis taillés.
A droite: Le jardin que l'on découvre en arrivant dessine des motifs en buis en fer à cheval. Il est ombragé de tilleuls aux formes rondes et généreuses.

Above: The gardens of Gourdon are on terraces, which hang over the abyss, supported by vaults and arcades built by Louis de Lombard in the 18th century. They are a wonderful feat of construction. Here the Italian garden, built on the edge of the precipice, displays the topiary box.
Right: The garden as seen on arrival, with its box hedges in horseshoe motifs. It is shaded by large, round lime trees.

Oben: Die Gärten von Gourdon sind auf Terrassen angelegt. Sie werden von Gewölben und Arkaden getragen, die von Louis de Lombard im 17. Jahrhundert erbaut wurden und über dem Abgrund zu schweben scheinen – eine großartige Schöpfung. Hier im italienischen Garten bestimmen Buchskugeln die Szene.
Rechts: Der Garten, den man zuerst betritt, ist mit Buchsbaum in Hufeisenform bepflanzt. Beschattet wird er von Linden mit weit ausladenden Kronen.

La Casella

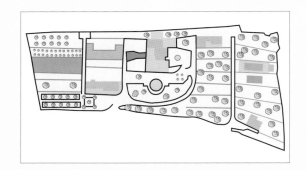

La Casella

On trouve ici les trois éléments qui font un beau jardin : l'âme d'un créateur fin connaisseur, une architecture élégante bien adaptée et des plantes recherchées bien soignées. A La Casella, à l'intérieur comme à l'extérieur, tout est très raffiné. Le jardin n'a qu'une dizaine d'années. Il fut créé et planté autour de la maison, œuvre de l'architecte Robert Streitz, élève d'Emilio Terry. Le jardin est posé sur plusieurs «restanques» qui descendent devant la bâtisse et s'étendent aussi à l'ouest, chacune dessinant un jardin. Les perspectives se succèdent. Des murs de cyprès verts élégamment taillés protègent les plantes du vent desséchant. Des escaliers mènent de surprise en surprise : vers un bassin, une promenade bordée de myrtes, une pergola dominant l'arrière-pays cannois, un chemin d'eau, un verger, une allée rythmée d'arceaux drapés de rosiers, des buis dessinant un motif en zig-zag ou un jardin d'agrumes. Partout les plantes et les fleurs offrent leur sourire – une rose de Banks grimpant dans un olivier, une *Clematis armandii* enlaçant un cyprès – et distribuent leur charme avec générosité.

Here we find the three elements which make a beautiful garden : the spirit of a creator and connoisseur, elegant and appropriate architecture, and rare and carefully cultivated plants. At La Casella, both inside and out, everything breathes refinement. The garden is little more than ten years old. It was constructed and planted around the house, which is the work of the architect Robert Streitz, a pupil of Emilio Terry. It faces south; in front of it, the garden is laid out on "restanques" on the side of the hill. They also extend round to the west; each of them forming a garden. View follows view. Walls of elegant topiary cypresses protect the plants from the harsh, drying wind. Steps lead from surprise to surprise; to a pond, a promenade bordered with myrtles, a pergola with a view over the Cannois hinterland, a watercourse, an orchard, a pathway leading under rose-covered arches, box hedges forming a zig-zag and a citrus garden. Everywhere plants and flowers offer their charms; a Banksian rose winds around an olive tree, an evergreen clematis *(Clematis armandii)* embraces a cypress.

Man findet hier die drei entscheidenden Elemente beieinander, die einen schönen Garten ausmachen: die Seele eines feinsinnigen Gartenkenners, eine elegante Architektur, die sich gut in die Umgebung einfügt, und ausgewählte, gut gepflegte Pflanzen. In La Casella ist im Haus wie im Garten alles mit größter Raffinesse gestaltet. Der Garten ist erst ungefähr zehn Jahre alt. Er wurde rings um das nach Süden ausgerichtete Haus angelegt, das der Architekt Robert Streitz, ein Schüler von Emilio Terry, errichtete. Der Park erstreckt sich über mehrere »restanques«, die vor dem Haus abfallen und jede für sich einen Garten bilden. Hecken aus kunstvoll beschnittenen Zypressen schützen die Pflanzen vor rauhen Winden. Die Treppen führen von einer Überraschung zur nächsten: zu einem Wasserbecken, einer mit Myrten eingefaßten Promenade, einer Pergola mit Ausblick auf das Hinterland von Cannes, einem Wasserlauf, einem Obstgarten, einer Allee, die von rosenbewachsenen Rankbögen gegliedert wird, Zickzackmustern aus Buchsbaum oder zu einem Garten mit Zitrusbäumen. Überall schenken uns die Pflanzen und Blüten ihr Lächeln. Eine Rose *(Rosa banksiae)*, die an einem Olivenbaum emporklettert, und eine Clematis *(Clematis armandii)*, die sich um eine Zypresse windet, verbreiten ihren Zauber.

La grande perspective avec les cyprès.
The great view ends on a wall of cypresses.
Die große Blickachse endet mit einer Zypressenwand.

Près de la maison, cette statue du XVIIIᵉ siècle représente un petit garçon portant un panier de fruits. Au fond, en pleine floraison, un magnifique *Ceanothus cyaneus* d'une beauté exceptionnelle.

Near the house, this 18th century statue of a small boy carrying a basket of fruit. Behind it is a magnificent and exceptionally beautiful Californian lilac *(Ceanothus cyaneus)* in full bloom.

Die Statue eines kleinen Jungen mit Fruchtkorb stammt aus dem 18. Jahrhundert und steht in der Nähe des Hauses. Im Hintergrund sieht man eine voll erblühte Säckelblume *(Ceanothus cyaneus)* von außergewöhnlicher Schönheit.

Ci-dessus: La maison surplombe ce bassin rond planté d'*Iris sibirica*, d'*Iris laevigata* et d'arums *(Zantedeschia aethiopica)*.
A droite: Au centre de l'allée des myrtes *(Myrtus communis ssp. Tarentina)*, cette fontaine est habillée d'*Iris sibirica*, de papyrus *(Cyperus papyrus)* et de *Pontederia*.

Above: The house looks over this round pool planted with Siberian iris *(Iris sibirica)*, water iris *(Iris laevigata)* and arum lily *(Zantedeschia aethiopica)*.
Right: In the centre of the avenue of tarentum myrtles *(Myrtus communis ssp. Tarentina)*, this fountain is covered with Siberian iris *(Iris sibirica)*, papyrus *(Cyperus papyrus)* and pickerel weed *(Pontederia)*.

Oben: Das Haus überragt dieses runde Becken, das mit Schwertlilien *(Iris sibirica* und *Iris laevigata)* und Zimmerkalla *(Zantedeschia aethiopica)* bepflanzt ist.
Rechts: In der Mitte der von Myrten *(Myrtus communis ssp. Tarentina)* gebildeten Allee steht dieser Brunnen, der mit Schwertlilien *(Iris sibirica)*, Papyrusstauden *(Cyperus papyrus)* und Hechtkraut *(Pontederia)* umpflanzt ist.

Ci-dessus: Une porte ouverte dans un mur de cyprès *(Cupressus sempervirens)* donne dans la roseraie. Au premier plan, sur une arche, le rosier grimpant 'Madame Caroline Testout'.
A droite: *Ceanothus cyaneus* en fleur au pied d'un mur de cyprès.

Above: A gateway in a wall of cypress opens into the rose garden. In the foreground, the rose 'Madame Caroline Testout' climbs over an arch.
Right: Californian lilac *(Ceanothus cyaneus)* flowers at the foot of a wall of cypress.

Oben: Ein Tor, das sich in der Zypressenwand öffnet, führt zum Rosengarten. Im Vordergrund erkennt man einen mit der Kletterrose 'Mme Caroline Testout' bewachsenen Rankbogen.
Rechts: eine Säckelblume *(Ceanothus cyaneus)* in Blüte am Fuß einer Zypressenwand.

Ci-dessus: Sur la terrasse la plus basse, un escalier monte vers les autres «restanques». A droite, un *Fremontodendron* en fleur s'appuie sur le mur de la maison d'amis.
A gauche: la fontaine de la première terrasse située tout en haut.

Above: From the lowest terrace, steps lead up to the other "restanques". Right: a flannel bush *(Fremontodendron)* in flower leans against the guest house wall.
Left: the fountain of the first and topmost terrace.

Oben: Von der untersten »restanque« führt eine Treppe hinauf zu den höher gelegenen Terrassen. Rechts stützt sich ein blühender *Fremontodendron* an die Mauer des Gästehauses.
Links: Der Springbrunnen auf der obersten Terrasse.

Ci-dessus: des murs de cyprès qui protègent le jardin du mistral, et un *Fremontodendron*.
A droite: le bassin des lotus *(Nelumbo)* situé sur la quatrième terrasse.

Above: the walls of cypress that protect the house from the "mistral", the cold Provençal wind, and a flannel bush *(Fremontodendron)*.
Right: the pool covered with lotus *(Nelumbo)* on the fourth terrace.

Oben: Ein *Fremontodendron* und Zypressenwände schützen den Garten vor dem Mistral, dem kalten provenzalischen Wind.
Rechts: das mit Lotosblumen *(Nelumbo)* überwachsene Wasserbecken auf der vierten Terrasse.

La Fondation Maeght

Sur la pelouse, devant la chapelle
Saint-Bernard, «l'échiquier» de
Germaine Richier.
On the lawn in front of the
chapel of Saint-Bernard, "chess-
board" by Germaine Richier.
Auf der Wiese vor der Kapelle
Saint-Bernard befindet sich das
»Schachbrett« von Germaine
Richier.

La Fondation Maeght

**Fondation Marguerite et
Aimé Maeght
06570 Saint-Paul-de-Vence
Tel. 04 93 32 81 63**

Dans ce jardin, les sculptures et la nature se mettent mutuellement en valeur. Il en émane une grande sérénité. Est-ce grâce aux grands pins qui ombragent une pelouse légèrement vallonnée où sont exposées notamment des œuvres d'Alexander Calder ou de Jean Arp, ou grâce à la chapelle Saint-Bernard qui domine et protège une succession de scènes, disposées comme dans des chambres à ciel ouvert? La Fondation Maeght, abritée dans un bâtiment dû à l'architecte américain Josep Lluis Sert, fut inaugurée en 1964. Aimé et Marguerite Maeght firent de cet endroit l'une des plus importantes collections d'art moderne de l'époque. Ils s'en acquittèrent avec ferveur, comme s'ils étaient investis d'une mission. Le jardin d'entrée avec ses grands pins est cerné d'une mosaïque de Pierre Tal-Coat. Le cloître comprend une partie ornée d'un bassin en mosaïque de Georges Braque. Il faut passer par la cour Giacometti pour entrer dans le labyrinthe de Joan Miró où des céramiques, des oiseaux, un cadran solaire, des gargouilles et des bassins embellissent le jardin.

In this garden, sculpture is set off by nature and nature by sculpture. Great serenity prevails. What is its source? Is it the great pines which shade a sloping lawn on which stand works by sculptors including Alexander Calder and Hans Arp? Or the chapel of Saint-Bernard which oversees and shelters a succession of scenes laid out like open-air rooms? The Fondation Maeght opened in 1964; the architect was Josep Lluis Sert. Aimé and Marguerite Maeght made it one of the most important modern art collections of its time, setting about their task with a missionary zeal. The entrance garden is surrounded by a mosaic by Pierre Tal-Coat. The cloister includes a pool decorated with a mosaic by Georges Braque. You must pass through the Giacometti courtyard to enter the Joan Miró labyrinth, in which tiles, birds, a sundial, gargoyles and pools decorate the garden.

Dieser Garten, in dem sich Skulpturen und Natur gegenseitig zur Geltung bringen, strahlt eine große Ruhe aus. Große Kiefern beschatten eine leicht hügelige Rasenlandschaft, in der unter anderem Werke von Alexander Calder und Hans Arp aufgestellt sind. Die Folge von Szenen, die unter freiem Himmel angeordnet sind, wird überragt und behütet von der Kapelle Saint-Bernard. Die Stiftung Maeght, deren Gebäude von dem amerikanischen Architekten Josep Lluis Sert entworfen ist, wurde 1964 ins Leben gerufen. Aimé und Marguerite Maeght machten aus diesem Ort eine der wichtigsten Kunstsammlungen ihrer Zeit – mit einer Leidenschaft, als ob sie eine Mission zu erfüllen hätten. Der Garten im Eingangsbereich mit seinen großen Kiefern ist von einem Mosaik von Pierre Tal-Coat eingefaßt. Ein Teil des Kreuzgangs ist mit einem Mosaikbecken von Georges Braque geschmückt. An die Cour Giacometti schließt sich das Labyrinth von Joan Miró an, in dem Keramiken, Vögel, eine Sonnenuhr, Wasserspeier und Becken den Garten verschönern.

Dans le labyrinthe de Miró.
A gargoyle in the Miró.
Im Labyrinth von Miró.

Une œuvre d'Alexander Calder nommée «Les Renforts» est exaltée par la nature dans le jardin d'entrée, à l'ombre des pins.

Under the shade of the pines, "Les Renforts", a work by Alexander Calder, is set off by its natural surroundings in the entrance garden.

»Les Renforts«, ein Werk von Alexander Calder, befindet sich im Eingangsbereich der Fondation und wird von der Natur zu größter Wirkung gebracht.

Le labyrinthe de Miró est dessiné par des murs de pierre soulignés de blanc. Toutes les sculptures sont également de Joan Miró. A gauche, «La Fourche» domine le massif de l'Esterel; au centre, «La Céramique» ou «Le Cadran solaire»; à droite, «L'Arc».

The stone walls of the Miró labyrinth are accentuated by the thick white line painted along the top. All the sculptures are also by Joan Miró: left, "The Fork" over-looks the Esterel mountains; cen-tre, "Ceramics" or "The Sundial"; right, "Arch".

Das Labyrinth wurde von Miró mit Steinmauern gestaltet, die durch weiße Farbe besonders be-tont sind. Auch die Skulpturen stammen von Joan Miró. Links überragt »Die Gabel« das Esterel-Massiv; in der Mitte befindet sich »Die Keramik« oder »Die Sonnen-uhr«, rechts »Der Bogen«.

Ci-dessus: Toujours dans le labyrinthe, mais en revenant vers la chapelle Saint-Bernard, se trouvent la tour, et à ses pieds, la céramique murale de Joan Miró et de son céramiste Josep Llorens Artigas.
A gauche: Le jardin d'entrée est très verdoyant, rafraîchissant et apaisant.

Above: In the Miró labyrinth, on the way back to the chapel of Saint-Bernard, is the Tower, and at its foot the ceramic mural by Joan Miró and his ceramist, Josep Llorens Artigas.
Left: The entrance garden is cool, relaxing and full of greenery.

Oben: In Mirós Labyrinth, auf dem Rückweg zur Kapelle Saint-Bernard, befinden sich der Turm und zu seinen Füßen die Keramikwand des katalanischen Künstlers und seines Keramikers Josep Llorens Artigas.
Links: Der Garten im Eingangsbereich ist grün, erfrischend und beruhigend.

Ci-dessus: Le labyrinthe de Miró est composé de terrasses, ombré de pins et rafraîchi par des bassins. Au premier plan, au milieu du bassin, «La Femme à la chevelure défaite». Derrière, «L'Oiseau lunaire» en marbre.
A droite: «L'Oiseau solaire», également en marbre, répond au précédent et trouve magnifiquement sa place dans ce parc qui marie nature et sculptures.

Above: The Miró labyrinth incorporates terraces, shady pines and cooling pools of water. In the foreground, in the middle of the pool, "Woman with Dishevelled Hair". Behind it, "Moon Bird".
Right: "Sun Bird", in marble, is the counterpart; it is magnificently sited in this park which combines sculpture and nature.

Oben: Das Labyrinth von Miró ist auf Terrassen angelegt, die von Kiefern beschattet werden. Wasserbecken spenden erfrischende Kühle. Im Vordergrund sieht man in der Mitte des Beckens »Frau mit gelöstem Haar«; dahinter »Mondvogel« aus Marmor.
Rechts: Der ebenfalls marmorne »Sonnenvogel« bildet das Pendant und fügt sich wunderbar in diesen Park ein, in dem sich Natur und Skulptur verbinden.

La Villa Ephrussi
de Rothschild

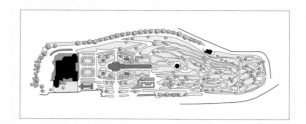

La Villa Ephrussi
de Rothschild

06230 Saint-Jean-Cap-Ferrat
Tel. 04 93 01 33 09

La baronne Béatrice Ephrussi de Rothschild baptisa sa demeure Villa Ile de France en souvenir d'un beau périple qu'elle avait fait sur ce paquebot. Elle voulut donner au jardin principal la forme d'un navire dont le temple de l'Amour serait la proue. Les jardins disposés tout autour sont également liés à ses souvenirs de voyage. Elle fit l'acquisition de la partie la plus étroite de la presqu'île de Saint-Jean-Cap-Ferrat en 1905. Puis elle s'attacha les services de nombreux architectes et jardiniers pour construire un palais de style vénitien et ses jardins qui le présentent en le mettant en valeur. Une composition à la française, très éclairée, de style régulier, ornée d'un bassin et plantée de palmiers domine une promenade ombragée où se succèdent six jardins. Le jardin espagnol avec son canal, le jardin florentin et sa grotte, le jardin lapidaire où sont rassemblés chapiteaux et colonnades, le jardin japonais, le jardin exotique et la roseraie. Six scènes secrètes s'enchaînent et la promenade s'achève au grand jour dans le jardin d'apparat.

Baroness Béatrice Ephrussi de Rothschild named her villa "Ile de France" after the ship in which she had enjoyed a memorable cruise. She wanted to give the main garden the form of a ship with the Temple of Love as its bow. The gardens arranged around it are similarly connected to her travel memories. She acquired the narrowest part of the Saint-Jean-Cap-Ferrat peninsula in 1905 and then commissioned architects and gardeners to construct a palace in Venetian style and gardens which would enhance and show it off. Standing above a shady avenue which leads to six further gardens is a light, symmetrical French-style design, with a rectangular central pool surrounded by palm trees. The six are the Spanish garden, with its canal, the Florentine garden with its grotto, the stone garden with its collection of capitals and colonnades, the Japanese garden, the exotic garden and the rose garden: six secret gardens leading one into another and thence back into the broad daylight of the main garden.

Fontaine dans la cour d'honneur.
Fontain in the main courtyard.
Brunnen im Ehrenhof.

Die Baronin Béatrice Ephrussi de Rothschild taufte ihren Wohnsitz »Villa Ile de France« in Erinnerung an eine schöne Rundreise, die sie auf einem Passagierdampfer mit diesem Namen unternommen hatte. Sie gab dem Hauptgarten die Form eines Schiffes, dessen Bug von einem Liebestempelchen gekrönt wird. Die ringsherum angeordneten Gärten sind ebenfalls eng mit ihren Erinnerungen an diese Reise verbunden. Im Jahr 1905 erwarb sie den schmalsten Teil der Halbinsel Saint-Jean-Cap-Ferrat und engagierte zahlreiche Architekten und Gärtner, um sich von ihnen eine Villa im venezianischen Stil bauen und dazu passende Gärten gestalten zu lassen. Durch eine Anlage im strengen, französischen Stil, die mit einem Wasserbecken geschmückt und mit Palmen bepflanzt ist, führt eine beschattete Promenade zu sechs weiteren Gärten: dem Spanischen Garten mit einem Kanal, dem Florentiner Garten mit einer Grotte, dem Steingarten, in dem sich eine Sammlung von Kapitellen und Kolonnaden befindet, dem japanischen Garten, dem exotischen Garten und dem Rosengarten. Sechs geheimnisvolle Szenerien folgen aufeinander, bevor man im Prunkgarten wieder ans helle Tageslicht zurückkehrt.

A l'opposé du palais rose, le
temple de l'Amour, inspiré de
celui du Trianon à Versailles,
édifié sur un promontoire,
domine le jardin à la française.

Facing the pink walls of the
palace is the Temple of Love, inspired by that of the Trianon at
Versailles. Built on a promontory,
it overlooks the French garden.

Gegenüber der Villa beherrscht
der auf einem Felsvorsprung
errichtete, dem Trianon in Versailles nachempfundene Liebes-
tempel den französischen Garten.

Ci-dessus: Le temple de la rose-raie domine celle-ci puisqu'il est édifié dans sa partie haute, à l'abri des arbres.
A droite: les colonnes du jardin lapidaire.

Above: The temple dominates the rose garden, standing as it does in the upper part of the grounds, sheltered by trees.
Right: the columns of the stone garden.

Oben: Der Tempel auf achtecki-gem Grundriß ist unter Bäumen errichtet und überragt den Rosen-garten.
Rechts: Blick auf die Säulen im Steingarten.

Ci-dessus: Dans le jardin lapidaire, la baronne rassembla toutes sortes de colonnades, bas-reliefs et chapiteaux sculptés.
A gauche: une statue du jardin lapidaire.

Above: In the stone garden, Béatrice Ephrussi de Rothschild has brought together all kinds of colonnades, reliefs and sculpted capitals.
Left: a statue in the stone garden.

Oben: Im Steingarten hat Béatrice Ephrussi de Rothschild Kolonnaden, Basreliefs und verzierte Kapitelle gesammelt.
Links: eine Statue aus dem Steingarten.

La fontaine du jardin espagnol.
Au premier plan, le bassin se
laisse envahir par les capillaires
(Adiantum).

The fountain in the Spanish
garden. Maidenhair ferns
(Adiantum) have spread out over
the foot of the basin.

Der Brunnen im Spanischen
Garten. Am Fuß des Beckens hat
sich Frauenhaarfarn *(Adiantum)*
in Fülle ausgebreitet.

Sous l'escalier qui mène au jardin japonais, cette fontaine baroque orne l'allée florentine. Des *Erigeron karvinskianus* s'y sont ressemés.

Under the steps leading to the Japanese garden, this baroque fountain adorns the Florentine walk. Self-seeding *Erigeron karvinskianus* proliferates here.

Unter der Treppe, die zum japanischen Garten führt, schmückt diese barocke Fontäne die florentinische Allee. Dort hat sich Berufkraut *(Erigeron karvinskianus)* ausgesät.

Le Jardin exotique d'Eze

Le Jardin exotique d'Eze

06360 Eze
Tel. 04 93 41 03 03

Même si l'ascension du village est aussi aride que le milieu d'origine des plantes grasses en général, il faut savoir que la récompense se trouve au pied du petit fort détruit en 1706. On croirait entrer dans un jardin composé de cierges et d'oursins, s'il n'était égayé par la beauté spectaculaire des fleurs qui, pour la plupart, s'épanouissent la nuit, s'allument et s'éteignent comme des phares et s'intègrent parfaitement au décor puisque la mer s'étale en contrebas. La vue est sublime. Les plantes sont étranges et portent des noms curieux: arbre-à-pied-d'éléphant *(Nolina recurvata)*, queue-de-rat *(Aporocactus flagelliformis)* ou barbe de vieillard *(Cephalocereus chrysacanthus)*. Leurs fleurs sont prodigieuses: vivement colorées, cireuses, luisantes ou soyeuses. Depuis que le spécialiste Jean Gastaud a planté le jardin, en 1949, commissionné par la Municipalité, la collection de plantes grasses d'Eze est enrichie et régénérée chaque année. Elle compte plusieurs familles: les Cactacées, Agavacées, Liliacées et Euphorbiacées, toutes soigneusement étiquetées.

The road up from the village is as dry as the native environment of most succulents – but a reward awaits one here, at the foot of a little fort which was all but destroyed in 1706. One might think this was a garden of "sea urchins" and tropical cactus, were it not brightened by the spectacular beauty of the flowers, which open by night, for the most part, lighting up and going out like lighthouses. In this, they are at one with the landscape, for the sea lies beneath. The view is sublime. The plants are strange and bear curious names: elephant foot tree *(Nolina recurvata)*, rat's tail *(Aporocactus flagelliformis)*, old man cactus *(Cephalocereus chrysacanthus)*. Their flowers are incredible; brightly coloured, shiny, polished and silken. Since the municipality commissioned the expert Jean Gastaud to plant the garden in 1949, the Eze collection of succulents has been enriched and regenerated every year. It numbers several families of plants: *Cactaceae, Agavaceae, Liliaceae* and *Euphorbiaceae*, all of them carefully labelled.

Der Anstieg zu dem malerischen Dorf Eze ist karg und trocken wie das Ursprungsland der Kakteen, die in dem Garten am Fuß des kleinen Forts versammelt sind, das im Jahr 1706 zerstört wurde. Man könnte glauben, man beträte einen aus Kerzen und Seeigeln gestalteten Park, würde dieser nicht von der außergewöhnlichen Schönheit der Blüten erhellt, die zum größten Teil in der Nacht aufblühen, strahlen und verlöschen wie die Leuchtfeuer, die den Seefahrern im tief unterhalb des Ortes liegenden Meer den Weg weisen. Der Blick hinunter ist atemberaubend. Die Pflanzen im Garten von Eze sind fremdartig und tragen seltsame Namen: Elefantenbein-Baum *(Nolina recurvata)*, Rattenschwanz oder Peitschenkaktus *(Aporocactus flagelliformis)* und Greisenhaupt *(Cephalocereus chrysacanthus)*. Auch ihre Blüten sind außergewöhnlich: kräftig in den Farbtönen, wächsern glänzend, leuchtend oder seidig. Seitdem Jean Gastaud den von der Stadtverwaltung in Auftrag gegebenen Garten 1949 angepflanzt hat, wird die Pflanzensammlung von Eze Jahr für Jahr erweitert und erneuert. Sie umfaßt Cactaceen, Agavaceen, Liliaceen und Euphorbiaceen.

Ce piton rocheux très ensoleillé est idéal pour cultiver des cactées qui aiment la chaleur et la sécheresse.

This sun-baked rocky peak is ideal for the cultivation of cactuses, which like heat and dryness.

Auf dieser der vollen Sonne ausgesetzten felsigen Bergspitze lassen sich vorzüglich Kakteen ziehen, die Hitze und Trockenheit lieben.

Les cactées ont souvent une enveloppe coriace et épineuse. Elles jouent toute la gamme des verts tirant sur le bleu et sont en harmonie avec l'azur du ciel et de la mer.

Cactuses often have a leathery, spiny covering. Their colours range through all the shades of blue-green and complement the azure sea and sky.

Die Kakteen haben oft eine ledrige und dornige Außenhaut. Sie spielen die ganze Skala der Grün- bis Blaugrautöne durch, so daß sie wunderbar mit dem Azur des Himmels und des Meeres harmonieren.

Le jardin est composé d'un entrelacs de sentiers et d'escaliers de pierre qui permettent d'admirer les collections de plantes et un paysage unique au monde, ouvrant sur la baie de Beaulieu.

Narrow paths and stone steps thread their way through the garden, enabling one to admire the plant collections and the unique landscape of Beaulieu Bay.

Ein Netz aus Wegen und Treppen erschließt den Garten, von dem man auf die einzigartige Landschaft über der Bucht von Beaulieu blickt.

Cette très belle scène est constituée de plantes installées dans des poches de terre nichées dans le rocher. Leurs formes pointues, épineuses, rondes ou érigées s'opposent et se mettent mutuellement en valeur. A gauche: *Cereus uruguayanus* 'Monstruosus', au centre, tel un cierge, *Trichocereus*, à droite, des oponces, *Opuntia*.

This beautiful display is made up of plants rooting in little pockets of earth found among the rocks. Their pointed, spiny, round or erect forms contrast with each other to mutual advantage. Left, a *Cereus uruguayanus* 'Monstruosus'; centre, the candle-like *Trichocereus;* right, a prickly pear *(Opuntia)*.

Diese wunderschöne Szenerie wird von Pflanzen gebildet, die man in Felsnischen angesiedelt hat. Ihre spitzen, dornigen, runden oder säulenartigen Formen bringen sich durch den Kontrast gegenseitig zur Wirkung. Links ein *Cereus peruvianus uruguayanus* 'Monstruosus', in der Mitte, wie eine Kerze, ein *Trichocereus* und rechts ein Feigenkaktus *(Opuntia)*.

Les plantes succulentes peuvent prendre toutes sortes de formes, naines ou éléphantesques, trapues ou longilignes, et ressembler à des cierges ou à des pierres. Elles fleurissent souvent la nuit et se referment dès que le soleil se lève.

Succulents can take many forms, dwarf or giant, squat or elongated, and resemble candles or stones. They often flower by night, closing up at the first light of dawn.

Sukkulenten können ein ganz unterschiedliches Aussehen haben: zwergenhaft kleine oder elefantengroße, gedrungene oder langgestreckte Formen, die an Kerzen oder an Steine denken lassen. Viele öffnen ihre Blüten nur in der Nacht und schließen sie wieder, sobald die Sonne aufgeht.

Le Jardin
exotique de Monaco

Le Jardin exotique de Monaco

62, bd du Jardin exotique
98000 Monaco
Tel. 00377-93 30 33 65

Cette magnifique rocaille génère les plantes succulentes et les effets spectaculaires. Elle est née grâce à un chef jardinier de la Principauté de Monaco qui se prit de passion pour les cactées, à la fin du siècle dernier. Il les installa d'abord dans la vieille ville de Monaco où le prince Albert Ier les remarqua et décida de faire réaliser un jardin qui leur serait entièrement consacré. Celui-ci fut dessiné par Louis Notari et inauguré en 1933. Le succès de cette réalisation réside en partie dans le choix d'un site exceptionnel. En effet, à cet endroit, le soleil réchauffe le rocher, qui garde la chaleur de jour comme de nuit, et la verticalité de la paroi permet d'assurer des conditions d'aridité idéales puisque l'eau de pluie n'y stagne pas. Les deux ennemis des cactées ne sont-ils pas l'humidité et le froid? Dans ce jardin, elles atteignent des tailles gigantesques: celles de leur pays d'origine. Un sentier sinueux en pente permet de les approcher, de les observer et d'admirer le magnifique paysage qui embrasse la baie de Monaco et la côte s'allongeant jusqu'à la Riviera italienne.

This magnificent rock garden presents succulent plants and spectacular effects. It owes its existence to the head gardener of the Principality of Monaco who, at the end of the 19th century, became passionately interested in cactuses. He first established them in the old town of Monaco; there they attracted the attention of Prince Albert I, who decided to create a garden entirely devoted to them. This was designed by Louis Notari and opened in 1933. The success of the garden lies partly in the exceptional site selected. Here the sun heats the rock, which retains its heat day and night, while the steep wall of the cliff maintains ideal conditions of dryness; rainwater runs straight off it. Cactuses have two enemies: humidity and cold. In this garden, they grow to enormous sizes, even to heights reached in their native environment. A path winds down to the prize plants, allowing one to observe them closely and to admire the magnificent scenery surrounding the Bay of Monaco and the coast, as it stretches away toward the Italian Riviera.

Dieser großartige Felsengarten ist nur mit Sukkulenten bepflanzt und ist dem Obergärtner des Fürstentums Monaco zu verdanken, der sich Ende des letzten Jahrhunderts für Kakteen begeisterte. Er pflanzte sie zunächst in der Altstadt von Monaco, bis Fürst Albert I. beschloß, einen reinen Kakteengarten anzulegen. 1933 begannen die Arbeiten nach einem Entwurf von Louis Notari. Der Erfolg dieser Anlage beruht zum Teil auf der ungewöhnlichen Lage des Grundstücks. Die Felsen speichern die Sonnenhitze und sorgen auch bei Nacht für Wärme. Die senkrecht abfallende Wand läßt das Regenwasser sofort ablaufen, so daß der Boden trocken bleibt. Feuchtigkeit und Kälte, die beiden »Feinde« der Kakteen, werden so abgewehrt. Die Pflanzen gedeihen deshalb sehr gut und werden so groß wie in ihrer Heimat. Ein abfallender, kurvenreicher Weg erlaubt es, sie aus der Nähe zu betrachten und gleichzeitig die herrliche Landschaft der Bucht von Monaco und die Küste bis hin zur italienischen Riviera zu bewundern.

Echinocereus, originaire du Mexique.
Echinocereus, native to Mexico.
Igelsäulenkaktus *(Echinocereus)* aus Mexiko.

De cette pergola habillée de bougainvillées, on domine la ville et la baie de Monaco. Spectacle superbe que l'on découvre en suivant le sentier principal.

This pergola, covered with *Bougainvillea*, overlooks the town and bay of Monaco. The main pathway leads directly to this wonderful view.

Von dieser mit *Bougainvillea* berankten Pergola aus schaut man hinab auf die Stadt und die Bucht von Monaco. Folgt man dem Hauptweg, bieten sich spektakuläre Ausblicke.

Sur le plateau, près de l'entrée, des fleurs d'*Echium wildprettii* originaire des îles Canaries, se mélangent à des dracénas et à des yuccas ainsi qu'à des fleurs de Mesembryanthemacées, originaires d'Afrique du Sud. Derrière, un magnifique arbre, *Aloë bainesii*.

At the top of the garden, near the entrance, flowers of *Echium wildprettii*, native to the Canary Islands, mingle with dragon trees *(Dracaena)*, yuccas and Livingstone daisies *(Mesembryanthemum)* from South Africa. Behind them, a splendid tree: *Aloë bainesii*.

Auf dem Felsplateau in der Nähe des Eingangs erkennt man die Blüten von Natternkopf *(Echium wildprettii)*, der auf den Kanarischen Inseln heimisch ist, zwischen Drachenbäumen *(Dracaena)*, Palmlilien *(Yucca)* und den Blüten von Mittagsblumen *(Mesembryanthemum)*, die aus Südafrika stammen; dahinter ein wunderbarer Baum, eine *Aloe bainesii*.

Dans le sens des aiguilles d'une montre, du haut à gauche: *Euphorbia polyacantha*, originaire d'Ethiopie; un *Echeveria* provenant d'Amérique centrale; *Opuntia microdasys* est une cactée assez répandue qui fleurit en été et produit des fleurs jaune pâle; *Aeonium arboreum var. Atropurpureum* atteint 90 cm de haut et il produit des fleurs jaunes à la fin de l'hiver.

Clockwise from left: fishbone spurge *(Euphorbia polyacantha)*, native to Ethiopia; an Echeveria from Central America; the prickly pear *(Opuntia microdasys)* is a fairly common cactus which flowers in summer and produces pale yellow flowers; *Aeonium arboreum var. Atropurpureum* which reaches 90 cm in height and produces yellow flowers in late winter.

Im Uhrzeigersinn von oben links: Wolfsmilch *(Euphorbia polyacantha)* aus Äthiopien; *Echeveria* aus Amerika; der weit verbreitete Feigenkaktus *Opuntia microdasys* blüht im Sommer mit blaßgelben Blüten; die Dachwurz *Aeonium arboreum var. Atropurpureum*, die 90 cm hoch wird und am Ende des Winters gelb blüht.

La Serre de la Madone

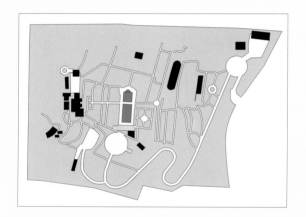

La Serre de la Madone

74, route de Gorbio
06500 Menton
Tel. 04 93 28 29 17

Lawrence Johnston se rendit célèbre pour avoir composé deux jardins: Hidcote Manor en Gloucestershire et la Serre de la Madone. L'un anglais, l'autre méditerranéen. L'un magnifiquement construit et coloré, l'autre légèrement italien. Tous deux richement plantés. Lawrence Johnston était chasseur de plantes, et de ses voyages lointains, il avait rapporté des raretés. Le jardin de la Serre de la Madone est élégant, mystérieux, à la fois sobre et raffiné. Il est construit sur une vingtaine de niveaux et part de la bastide pour descendre vers la route de Gorbio. Il épouse les «restanques» du paysage. Son axe principal est central. C'est un long escalier qui dessert les terrasses, chacune étant un jardin. L'élément majeur de la composition est le jardin d'eau, composé de deux bassins qui mettent en valeur une très belle orangerie. La Serre de la Madone fut le premier jardin français classé «monument historique». Sous le contrôle de l'architecte Jean-Claude Yarmolah, sa restauration commença en 1990. Depuis, le destin de ce lieu d'exception est entre les mains de Francis Maliesky.

Lawrence Johnston designed two famous gardens: Hidcote Manor in Gloucestershire and the Serre de la Madone. One is English, the other Mediterranean. One strictly structured and colourful, the other somewhat Italianate. Both of them are richly planted, for Lawrence Johnston was a plant hunter, and travelled far and wide to bring back rarities. The garden of la Serre de la Madone is elegant and mysterious, sober and refined. It is constructed on some twenty levels descending from the "bastide" towards the Gorbio road, absorbing the "restanques" which shape the landscape. Its main axis is central; a long flight of steps which leads down through the terraces, each of which is a garden. The most important element in the design is the water garden, composed of two lakes which enhance the lines of a very handsome orangery. La Serre de la Madone was the first French garden to be categorised as a Historical Monument. Its restoration, under the architect Jean-Claude Yarmolah, began in 1990. Since then, the destiny of this place has been in the hands of Francis Maliesky.

L'escalier central.
The central steps.
Die Haupttreppe.

Lawrence Johnston ist berühmt für zwei Gärten: Hidcote Manor in Gloucestershire und La Serre de la Madone. Der eine großartig in Anlage und Farbgestaltung, der andere italienisch geprägt. Lawrence Johnston war ein »Pflanzenjäger«, der von seinen weiten Reisen Raritäten mitzubringen pflegte. La Serre de la Madone ist elegant, geheimnisvoll und zugleich einfach und raffiniert. Der Garten ist auf etwa zwanzig Ebenen angelegt und zieht sich von der »bastide« hinunter bis zur Landstraße nach Gorbio. Die Hauptachse wird durch eine zentrale Treppe gebildet. Das wichtigste Element der Komposition ist der Wassergarten, der aus zwei Becken besteht, die eine sehr schöne Orangerie spiegeln. La Serre de la Madone war der erste französische Garten, der unter Denkmalschutz gestellt wurde. Seine Restaurierung durch den Architekten Jean-Claude Yarmolah begann 1990. Seitdem liegt das Geschick des Gartens in den Händen von Francis Maliesky.

Le jardin d'eau, ses deux bassins,
la statue de la Madone, et au fond,
l'orangerie ou jardin d'hiver. Au
premier plan, des lotus *(Nelumbo).*
Tout autour, des cyprès et des
pins parasols *(Pinus pinea).*

The water garden with its two
lakes, the statue of the Madonna
and, in the background, the
orangery or winter garden. In
the foreground are lotuses
(Nelumbo). All around stand
cypresses and umbrella pines
(Pinus pinea).

Der Wassergarten mit seinen
beiden Becken, der Marienstatue
und im Hintergrund der Orangerie oder dem Wintergarten. Im
Vordergrund wachsen Lotus-
blumen *(Nelumbo).* Ringsherum
stehen Zypressen und Pinien
(Pinus pinea).

Ci-dessus: l'entrée de la propriété, ou cour d'honneur, située au dos de l'orangerie, récemment restaurée. Sur les murs, un treillage où grimpent des cobées et des bignones *(Campsis)*. A gauche, des cyprès et des pins parasols. A droite, les platanes du jardin à la française.
A droite: l'intérieur de l'orangerie où l'on protège les plantes fragiles.

Above: The entrance to the property, the main courtyard, lies behind the recently restored orangery. On the walls, a trellis with climbing cup and saucer plants *(Cobaea)* and trumpet vine *(Campsis)*. To the left, cypresses and umbrella pines. To the right, the plane trees of the French garden.
Right: The interior of the orangery, where tender plants are kept.

Oben: der Eingang des Anwesens oder Ehrenhof, der hinter der kürzlich restaurierten Orangerie liegt. Die Gitter sind mit Glockenreben *(Cobaea)* und Trompetenblumen *(Campsis)* berankt. Links sieht man Zypressen und Pinien, rechts die Platanen des französischen Gartens.
Rechts: das Innere der Orangerie, in der empfindliche Pflanzen geschützt werden.

Ce figuier, *Ficus roxburghii*, a la particularité de porter des figues non comestibles. Cet arbre fut planté par Lawrence Johnston et figure parmi les 740 arbres dont il peupla le jardin, dont cinquante ne sont pas encore identifiés. Aussi peut-on affirmer que la collection d'arbres de la Serre de la Madone est tout à fait remarquable.

A roxburgh fig tree *(Ficus roxburghii)*, whose distinctive feature is that the fruit grows directly from the branch; the figs are inedible. It is just one of the 740 trees with which Lawrence Johnston planted up the garden. Fifty have yet to be identified, and one may thus, without exaggeration, claim that the Serre de la Madone's collection of trees is truly remarkable.

Die Früchte dieses Feigenbaums, *Ficus roxburghii*, sind nicht zum Verzehr geeignet. Dieser Baum wurde von Lawrence Johnston gepflanzt und zählt zu den 740 Exemplaren der bemerkenswerten Baumsammlung, mit denen er den Garten ausstattete und von denen fünfzig noch nicht identifiziert sind.

Ci-dessus: Chaque niveau, chaque terrasse est l'objet d'une promenade et d'un thème, et s'achève toujours sur un point focal: une statue ou une fontaine. Ici, un banc de pierre surmonté des magnifiques floraisons du géranium de Madère *(Geranium maderense).*
A gauche: une fontaine sur la terrasse du jardin d'eau.

Above: Each level, each terrace has its own walk and its own theme, and each of these finishes at a focal point: a statue or a fountain. Here, a stone bench is surmounted by the magnificent blooms of the Madeira geranium *(Geranium maderense).*
Right: A fountain on the watergarden terrace.

Oben: Jede Ebene, jede Terrasse besitzt einen Spazierweg und ein Thema, das auf einen Blickpunkt hin komponiert ist – eine Statue oder ein Springbrunnen. Diese Steinbank ist von den wundervollen Blüten des Storchschnabels *(Geranium maderense)* überrankt.
Rechts: ein Brunnen auf der Terrasse des Wassergartens.

La fontaine de la cour d'honneur, à l'arrière de l'orangerie, avec ses nénuphars et des *Trachelium*, considérés comme une mauvaise herbe, aux jolies fleurs mauves coulant sur les pierres.

The fountain of the main courtyard, behind the orangery, with its water lilies, and blue throatwort *(Trachelium)* – considered a weed – trailing its pretty mauve flowers over the stones.

Im Ehrenhof befindet sich hinter der Orangerie ein Brunnen. Hier wachsen Seerosen und *Trachelium*, eine als Unkraut angesehene Pflanze mit schönen mauvefarbenen Blüten, die sich über die Steine ausbreiten.

Une des statues du bassin où se tient la Madone.

One of the statues of the Madonna pool.

Eine der Figuren des Wasserbeckens auf der Terrasse, auf der die Muttergottesstatue steht.

Le Val Rahmeh